L'économie sociale

une alternative au capitalisme

Thierry Jeantet

L'économie sociale
une alternative au capitalisme

ECONOMICA
49, rue Héricart, 75015 Paris

Remerciements

L'auteur tient à remercier celles et ceux qui ont accepté d'échanger avec lui sur le thème de ce livre, d'en suivre attentivement le développement, le relire :
Jean-François Bernard et Célia Firmin ;

Le pré et post-facier :
Ignacy Sachs et Didier Ades ;

Créer l'illustration de la couverture :
Isabelle Bauret ;

... que j'écrive encore ;
Céline, Adrien et Claire

Ce livre est dédidacé « à Viola et Ignacy »

Préface

En ce début du siècle, nous sommes confrontés à deux défis majeurs : le réchauffement global aux conséquences climatiques délétères et le déficit chronique d'opportunités de travail décent (dans l'acception du terme donné par le BIT) allant de pair avec l'aggravation des inégalités sociales.

Au vu de ses acquis historiques, le capitalisme (ou plutôt les différents modèles de capitalisme, le pluriel étant de mise) ne paraît pas en mesure d'apporter à ces défis des réponses satisfaisantes. Les marchés sont par nature myopes et insensibles aux dimensions sociale et environnementale. Livrés à eux-mêmes, ils s'avèrent incapables d'élaborer des stratégies à long terme conformes aux normes de développement socialement incluant, respectueux de la nature et, de surcroît, économiquement viable, condition nécessaire pour que les choses se fassent.

De 1917 à 1989, période marquée par l'avènement, la montée en puissance, puis la chute du socialisme réel, le capitalisme fut contesté frontalement, d'autant plus qu'au lendemain de la Seconde Guerre Mondiale il eut aussi à gérer la fin des empires coloniaux et l'émergence du Tiers Monde. Confronté à l'alternative socialiste, pendant un certain temps crédible aux yeux d'une partie de l'opinion publique dans les pays capitalistes, et éprouvé par les conséquences tragiques de la crise de 1929 et de la Seconde Guerre Mondiale, le capitalisme a cherché au cours des *Trente Glorieuses* (1945-1975) à se réformer à partir de trois idées force : le plein emploi, l'état providence, la planification.

Avec l'invasion de la Tchécoslovaquie par les tanks soviétiques en 1968, le socialisme réel est tombé en discrédit et la chute du mur de Berlin en a sonné le glas. Cela permit au capitalisme de reprendre son arrogance et de lancer la contre-réforme néo-libérale associée aux noms de Margaret Thatcher et Ronald Reagan. Celle-ci n'a toutefois pas tenu ses promesses.

Autant dire que nous sommes assis sur les ruines de divers paradigmes : le socialisme réel déjà mentionné, la croissance sauvage forte mais socialement perverse que certains pays du Tiers Monde ont connue, le capitalisme pur et dur de moins en moins créateur d'emplois et de plus en plus générateur d'inégalités sociales béantes, jusqu'à la social-démocratie empêtrée dans l'oxymore « *oui à l'économie de marché, non à la société de marché* ».

Les chances pour un retour en force du socialisme « à l'ancienne » sont plus que maigres, tout au moins dans un avenir prévisible. Nous sommes donc condamnés à inventer des solutions nouvelles.

C'est dans ce contexte qu'il faut regarder les acquis et le potentiel de l'économie sociale. Fidèle aux valeurs qui lui sont propres, elle rejette la poursuite du profit approprié individuellement et, de ce fait, elle subvertit le système capitaliste, en quelque sorte, elle en est l'alternative tout en fonctionnant dans les interstices de l'économie capitaliste.

Il est donc permis de se demander dans quelles conditions et à quel moment le rapport de force entre l'économie capitaliste et l'économie sociale s'affirmant en son sein pourrait se renverser. Nous n'y sommes pas encore, mais l'hypothèse mérite d'être examinée.

A tous ceux qui veulent ou voudront relever ce défi, l'essai de Thierry Jeantet offre une riche matière à réflexion.

Ignacy SACHS
Professeur Honoraire à l'Ecole des Hautes Etudes en Sciences Sociales
Initiateur de « l'écodéveloppement »

Avant-propos

Pourquoi rechercher des alternatives au système capitaliste alors même que son succès signe le gage de sa perfection pour le bien-être de l'humanité ?

Partie depuis longtemps à la conquête du monde, l'idéologie capitaliste (car il s'agit bien d'une idéologie) est aujourd'hui dominante. Elle imprime sa marque (et ses marquis !) sur une planète de plus en plus perméable aux échanges de toute nature.

Dès lors, pourquoi porter atteinte à un système qui fonctionne bien, s'étend et s'affiche comme un formidable créateur de richesses, accumulant le capital et accélérant la circulation des capitaux ?

Après tout, le capitalisme ne fait-il pas preuve d'une réelle plasticité qui le rend « utilisable » par d'autres régimes, comme en Chine, exemple détonnant du mariage de conceptions politiques et économiques a priori « contre-nature » ?

Dans ces temps où l'on parle tant de durabilité, le capitalisme n'est-il pas le héraut d'une formidable résistance aux crises, d'une capacité spectaculaire de rebonds ? Même vieillissant, il est plus que jamais présent, notamment depuis la chute du mur de Berlin. Désormais, le continent européen dispose d'un système économique uniforme avec des marchés dopés par le libéralisme.

Fixés sur le principe de l'accumulation et de la marche forcée, les tenants du capitalisme affirment que le système bénéficie ou bénéficiera à terme (quel terme ?) à l'ensemble de l'humanité. Les conditions de vie et la durée de la vie ne se sont-elles pas améliorées, comme jamais, depuis un siècle ?

Ainsi, les marquis du capitalisme ont fort bien su se présenter – usant et abusant des armes du marketing – comme les tenants d'un mouvement naturel, intangible, faisant de leur conception du monde une religion immanente source d'une croissance mondialisée qui oscille entre 3 et 5 % depuis 20 ans et dont ils seraient les seuls promoteurs, oubliant au passage les Etats, les organisations internationales, régionales et locales.

Mais encore faut-il savoir de quelle croissance on nous parle.

Seule est mesurée la croissance économique en termes de production internationale brute et via une approche globale. Or, cette conception de la croissance est étroite et très trompeuse car elle masque des réalités tout aussi exigeantes : sociales, environnementales, civiques.

Reste qu'un des génies du capitalisme est d'avoir su imposer ses propres outils de mesures : le plus spectaculaire étant la bourse dont on nous serine, sur les ondes et en temps réel, les moindres oscillations. Ceci a pour effet de rendre illisible, voire ringarde, toute autre alternative qui ne passe pas sous son spectre financier. Ceci malgré les « crises » : d'Enron aux « subprimes » voire celle de la Société Générale...

Même si nul autre système économique n'a connu une telle durée ni une telle ampleur géographique, les mouvements citoyens qui se sont multipliés, partout dans le monde depuis la fin du XXe siècle, ont montré que tout n'est pas aussi rose qu'on nous le dit. S'ils ne sont pas parvenus à passer de la protestation aux propositions crédibles, ils ont eu le mérite de pointer les ravages du système.

En Europe centrale et orientale les marchés sont dopés depuis la chute du mur de Berlin, on néglige toujours de rappeler que le taux de pauvreté fixé à 4 $/jour est passé de 4 % de la population à l'époque du bloc soviétique à 30 % depuis la réintroduction du capitalisme !

Dans le « tiers-monde », au moins 1 milliard et deux cent millions de personnes vivent avec moins de 1 dollar par jour. Les pays en développement comptent 250 millions d'enfants contraints de travailler. « *Une personne sur trois vivra dans un taudis d'ici 30 ans* », nous promet-on.

Ces chiffres émanent des organisations rattachées à l'ONU ! Le PNUD, par exemple, dans son rapport 2005 sur l'état du développement humain note « *pour la plupart des pays pauvres, une tendance démoralisante s'est poursuivie tout au long de la dernière décennie : non seulement, ils n'ont pu réduire la pauvreté mais ils prennent de plus en plus de retard sur les pays riches... En 1990, l'Américain moyen était 38 fois plus riche que le Tanzanien. Aujourd'hui, il est 61 fois plus riche* ».

Malgré cela, « *les progrès en matière de développement humain se poursuivent sur le long terme* », en matière de durée de vie, de santé, d'éducation. Mais le PNUD met l'accent sur la lenteur et, pire encore, l'ambivalence du processus avec des écarts qui continuent à se creuser du Nord au Sud et au sein même des pays du Nord. Avec des points très noirs. Par exemple, « *plus de 10 millions d'enfants de moins de 5 ans meurent chaque année* »...

Les marquis du capitalisme le reconnaissent eux-mêmes : on ne fait pas d'omelettes sans casser d'œufs. Mais, d'une certaine manière, le jeu en vaut la chandelle et les « bénéfices » apportés par le capitalisme à l'humanité sont suffisants. Un jour viendra et le Sud, à condition d'accepter sagement les règles dominantes du libre échangisme, profitera aussi des fruits de la croissance ! Un peu comme dans les pays développés ? Pourtant...

Au milieu du XXe siècle, les ouvriers se plaignaient de devoir travailler sur des sites pollués par l'amiante. On leur disait « *ne vous inquiétez pas, vous avez un emploi, vous pouvez nourrir votre famille...* ». Finalement, des milliers de personnes sont tombées malades et certaines en sont mortes. La balance est toute faite dans ce cas ! Voilà des hommes et des femmes qui ont, certes, eu un emploi et un niveau de vie convenable comparé aux pays les plus pauvres, mais leur travail a contribué à réduire leur durée de vie. Qu'est-ce qui prime ?

En n'intégrant pas d'autres critères qu'économique et financier, le capitalisme demeurera une source de dangers pour l'humanité. Alors, il s'adapte plus ou moins sincèrement à ce qui s'impose aux yeux du plus grand nombre : la prise de conscience de sa responsabilité sociétale.

Ce n'est pas un hasard si l'on invite à Davos des animateurs des Forums Sociaux. Les grands capitalistes veulent montrer qu'ils savent être à l'écoute des revendications... à défaut de les entendre ! Ils tentent d'absorber les protestations, voire de tenir compte d'un certain nombre d'idées (avec sincérité parfois) mais ils continuent leur chemin.

Même le président du Brésil, Lula da Silva, a été invité à Davos : là encore, il a été écouté mais on a surtout essayé de lui faire comprendre qu'il n'y a point de salut en dehors du capitalisme.

D'une certaine manière, le capitalisme se comporte comme il se conduisait, en France, sous le second empire : on se développe mais il faut faire attention à ne pas trop abîmer les gens et donc créer des systèmes de solidarité pour qu'ils puissent continuer à travailler. Napoléon III, qui était un libéral éclairé, a ainsi soutenu la mise en place des mutuelles de santé parce que son raisonnement était de dire : il faut encourager les industries à se développer mais pas à n'importe quelles conditions. Il faut inventer des modalités réparatrices, compensatrices.

C'est bien ce qui est à l'œuvre en ce début du XXIe siècle où les entreprises s'engagent dans des actions extérieures à leur objet social, déconnectées de leur propre activité. Elles soutiennent donc des organisations ou des fondations qui compensent, sur le terrain, les dégâts qu'elles ou d'autres entreprises provoquent. C'est une façon de se donner un visage plus responsable. Celui d'un capitalisme acceptant, voire installant et protégeant les déviations, les compléments et les pansements aux blessures qu'il cause pour peu que ces remèdes ne prennent pas trop de place et garantissent le bon fonctionnement du système.

Pas complètement autistes, leur attitude magnanime (en apparence) le prouve, les tenants du capitalisme font preuve d'une effarante imperméabilité et d'un silence révélateur sur les nombreuses initiatives qui marchent en dehors du système.

Promoteurs de la concurrence la plus débridée, les puissants marquis refusent pourtant la notion de monde économique pluriel. Pour eux, ceux qui ne choisissent pas ce système sont soit inconscients des enjeux, soit n'ont que des solutions très localement adaptables et plus sûrement n'ont aucune solution crédible ou durable !

C'est ainsi que les alternatives ont le plus grand mal à se faire entendre. Face aux instruments de mesure capitalistiques, elle ne donnent pas toujours de bons résultats puisqu'elles n'ont pas les mêmes priorités. Du coup, même les médias les considèrent comme des accidents de l'Histoire... Le capitalisme est, quant à lui, parvenu à faire croire à son éternité !

Pourquoi donc « *gêner* » un système qui marche au risque d'en ralentir les effets bénéfiques et donc porter atteinte à ses généreuses intentions !

Reste que, ancrées dans les économies de marché mais avec d'autres règles, des entreprises réussissent, partout sur la planète, à imposer une économie soucieuse d'efficacité financière mais dont les profits sont différemment répartis pour construire une société meilleure.

Une utopie ? Pas si sûr quand on sait que ces activités concernent des millions d'humains du Nord au Sud et de l'Est à l'Ouest... Mais cette économie sociale, ces entreprises à gouvernance partagée ont les plus grandes difficultés à se faire entendre.

Coopératives, mutuelles, associations...Dans tous les secteurs de production et de services possibles et imaginables, elles sont présentes.

Leur difficulté, après l'engouement qu'elles suscitèrent à la fin du XIXe siècle, aura été de mieux appréhender les évolutions culturelles. N'ayant que peu ou pas de prise dans les universités, les entreprises de l'économie sociale n'ont pas su s'entourer des réflexions des intellectuels et personnalités du monde culturel qui lui auraient permis d'être plus audible.

Ces entreprises communiquent si peu ou si mal que leurs membres (salariés, adhérents, bénéficiaires) ne sont pas toujours conscients de participer à une autre économie !

Etats, collectivités publiques à tous les échelons, chambres consulaires sont souvent ignorants du concours apporté par ces entreprises à la construction d'une société plus juste, n'y voyant souvent qu'un palliatif à leurs désengagements multiples.

Où est l'économie sociale pour les non avertis ? Partout et nulle part. Pas pour une question de taille, mais parce qu'elle n'a pas de drapeau. Ainsi absente des esprits, elle risque plus d'être oubliée que contournée pour des raisons idéologiques !

Il y a donc un double défi à relever : montrer le vrai visage du capitalisme financier d'aujourd'hui et interpeller les acteurs du monde de l'économie sociale pour qu'ils se décident enfin à reconsidérer leurs valeurs, les promouvoir et les faire coïncider avec les attentes des citoyennes et des citoyens à travers le monde.

Ce court livre a pour ambition de tracer quelques pistes.

Du capitalisme comme il va

Cap sur le capitalisme

Il ne paraît pas inutile avant d'entamer cette réflexion de regarder dans le rétroviseur du capitalisme pour savoir d'où il vient et, dans notre élan, où il pourrait nous conduire si ne se développait pas une alternative crédible.

C'est avec l'avènement de l'ère industrielle au XIXe siècle que le capitalisme a été théorisé et s'est développé de manière fulgurante.

En s'imposant comme LE moteur d'une production pélasgique exigée par le développement des grands projets industriels, les capitalistes sont devenus propriétaires des outils de cette production. Il n'est pas anodin de remarquer que les banques se sont développées à cette occasion car nombre des primo capitalistes étaient des bourgeois, pas forcément très riches qui disposaient d'un savoir-faire et d'une inventivité certaine mais pas forcément de capitaux disponibles.

Apporteurs de liquidités, ils répondaient également aux attentes des consommateurs. Ils favorisaient les échanges économiques et exigeaient, en contrepartie, de percevoir l'essentiel de la plus-value pour le réinvestir et se rémunérer, comme les ouvriers l'étaient (sans commune mesure, cela va de soi) pour leur travail. Ils gagnaient (et continuent de gagner) donc sur les deux tableaux.

Très vite, l'accumulation du capital est devenue centrale dans les objectifs de ses détenteurs. Cette philosophie de vie, pointée notamment par Max Weber[1], a conduit les capitalistes à « *s'organiser méthodiquement dans le seul but de pro-*

1. Max Weber, *Economie et société,* Pocket, 1995. *Histoire de l'économie générale,* Gallimard, 1991.

duire, non tant dans un souci de consommation future ou de sécurité [armement], mais dans une logique de pure croissance ». C'est ce principe de marche en avant qui fait du capitalisme un système à l'imagination débordante mû par le souci d'installer son idéologie. Cette marche forcée est consubstantielle à la notion de capitalisme. Karl Marx le décrit bien en soulignant qu'il y voit la « *permanence de l'instabilité et du mouvement* ». En clair : il ne faut pas cesser d'accumuler les moyens techniques et financiers, il ne faut pas cesser d'investir, il ne faut pas cesser de faire évoluer les modalités de la production ; il faut toujours avancer. Au risque, l'histoire le montrera, de bouleverser les acquis sociaux.

Ainsi au XXIe siècle, le peu subversif Larousse constate-t-il que « le capitalisme se caractérise par la recherche du profit, l'initiative individuelle, la concurrence entre les entreprises ». Voilà qui est dit !

Ni le souci du bien commun ni les préoccupations humaines et encore moins celles liées à l'environnement ne sont au cœur du projet capitaliste tel qu'il s'est bâti depuis plus d'un siècle dans le monde. Le capitalisme n'est pas un système de partage des pouvoirs. Au contraire il le concentre autour de ceux qui détiennent l'argent.

Même si, au fil des années, évoluant et se transformant, il a fait preuve d'une certaine plasticité. Parce qu'il n'est ni statique ni frileux, le capitalisme s'est adapté, au moins sur la forme et les grands principes, aux exigences minimales des Etats et des citoyens (du droit du travail au respect des environnements). Il a ainsi su tenir compte des rapports de force (cf les mesures de sécurité sociale prises en Allemagne par le Chancelier Bismarck en réponse aux forces socialistes revendicatives). Il s'est imposé comme le seul système économique viable pour garantir le progrès de l'humanité, aussi inégal soit-il « *pour l'instant* » tente-t-on nous rassurer...

Le capitalisme a su élaborer un discours simpliste : il faut créer des richesses pour pouvoir en diffuser – ne serait-ce qu'un soupçon – les bienfaits. C'est la croissance vertueuse. Fermez-le ban !

Ce n'est pas sans raison que nul ennemi de l'extérieur n'est venu indisposer un capitalisme sûr de lui et dominateur. Le communisme a été passé par pertes et profits après la chute du mur de Berlin, ce qui, au regard des aberrations de sa mise en œuvre étatique et de ses méfaits pour l'humanité, est assez compréhensible. Gare toutefois à ne pas masquer que, pendant 70 ans, cet étatisme a permis l'industrialisation des pays concernés en les accompagnant d'éléments de progrès social. L'oublier est aussi absurde que nier certains atouts du capitalisme.

Le principal danger que court le capitalisme, il le porte en lui. Il réside dans sa propre logique d'accumulation qui, outre le fait qu'elle a conduit aux scandales que l'on sait (et ceux que l'on ignore encore !), recèle en ses germes un processus de « destruction créatrice », pointé comme sa donnée fondamentale par l'économiste Joseph Schumpeter qui partage avec Karl Marx[2] – tout en en étant idéologiquement très éloigné – l'idée de la finitude irrémédiable du capitalisme, malgré, souligne-t-il, sa grande capacité d'innovation.

Je finance : je décide

« *J'apporte l'argent donc c'est moi qui commande* », telle est la logique des capitalistes et cela n'a rien à voir avec un mouvement naturel, magique ou immanent. C'est bien une construction idéologique qui est à l'œuvre. Elle entraîna très vite des dégâts collatéraux majeurs, nous y reviendrons, puisque cette imparable logique conduit tout droit les crocodiles du capitalisme actionnarial à se dévorer entre eux...

Ainsi, le pouvoir dans les entreprises est-il concentré par ceux qui détiennent un pourcentage suffisant, voire majoritaire, du capital leur permettant de jouer un rôle prédominant.

Pour développer des activités économiques humaines modernes il a donc fallu du capital, ce qu'on appelle maintenant des fonds propres. Mais comment faisait-on avant ? Pareil ! mais à une échelle plus petite et sans que les acteurs privés exigent de concentrer entre leurs mains les moyens matériels et financiers. C'est cela qui a fait basculer le monde dans une autre dimension, forgeant l'identité même du capitalisme : concentrer pour produire plus et plus vite et assurer le « *développement économique* » comme si c'était une fin en soi. Tout cela en dégageant des plus-values (prises sur le dos des travailleurs selon K. Marx) qui abondent généreusement la mise de fonds initiale avec, pour justification, la juste récom-

2. Les œuvres de Karl Marx sont, notamment, publiées chez Gallimard, bibliothèque de la Pléiade de 1965 à 1994.

pense – au delà de son rôle premier dans la production – de la prise de risque.

Le processus dynamique du capitalisme qui reposait, au départ, sur des principes économiques et industriels est devenu, à notre époque, de plus en plus financier, modifiant l'organisation de la société tout entière et allant jusqu'à créer les outils de mesure adaptés à cette jauge (et exclusivement à celle-ci). Le plus connu étant la Bourse. Tous les médias abreuvent leurs lecteurs, auditeurs et téléspectateurs des performances et des déboires des places du monde entier...En tout cas des pays capitalistes très développés, ce qui ne correspond pas à une vision planétaire ; des variantes existent en leur sein avec des systèmes hybrides (co-gestion).

Capitalisme : poids et mesure

Les entreprises transnationales (65 000 avec 85 000 filiales) constituent 70 % du commerce mondial.

Les flux d'investissements internationaux sont passés de 200 milliards/$ en 1990 à 1 200 milliards/$ en 2000. L'essentiel portant sur des achats/fusions d'entreprises.

Ainsi, les esprits sont formatés pour évaluer le monde comme il va sous le spectre de l'économie et des finances ; renvoyant le bien-être de l'humanité ou le développement nord-sud et est-ouest au rang de bien douloureux problèmes. Aux ONG et aux Etats de le régler, en se débrouillant avec les moyens du bord, pour faire face aux ravages provoqués par le système capitaliste. Dans les pays développés, de nouvelles pauvretés deviennent de plus en plus prégnantes. Nous y reviendrons.

L'ordre capitalistique est aussi bien agencé et protégé qu'il a organisé sa propre concurrence : on ne compte plus les OPA hostiles sources de chocs économiques majeurs. Enron et Parmalat ont, entre autres, démontré que le soi-disant système d'autocontrôle automatique inhérent au capitalisme est un leurre. Le système boursier ne garantit aucune transparence, pas plus qu'il ne garantit une juste valorisation des entreprises. Les OPA placent sous les projecteurs la capacité d'affrontement financier entre les grandes entreprises et la paralysie qu'elle engendre avec sa cohorte de dégâts sociaux. Il est démontré qu'au-delà des OPA, peu de fusions-acquisitions donnent finalement des résultats durables.

Malgré cela, le capitalisme sait se remettre en cause puis en selle ! Il génère d'indéniables forces de distorsions en son propre sein (concurrence effrénée) mais il sait rebondir.

Au début du capitalisme, le capitalisme familial

Il rebondit parce qu'il est protéiforme. Qui prétend proposer des alternatives doit en tenir compte.

CA d'entreprises comparés au PIB de certains pays.

Entreprises	CA en M. de $	Pays	PIB en M. d'$
Exxon mobil	377 735	Turquie	508 700
General Motors	193 000	Argentine	483 500
General Electric	163 391	Iran	516 700
Wal-Mart	200 360	Nigeria	125 700

Capitalisme familial

Principal avantage :

Il reste attaché à son territoire (même si celui-ci est de plus en plus vaste pour les plus grandes entreprises) et à une gestion humaine voire humaniste de ses employés. Il représente une part considérable des échanges économiques via les micro, petites et moyennes entreprises qui créent majoritairement des emplois dans les pays développés.

88,4% des sociétés suisses sont familiales ; 50 % au Canada.

Principal inconvénient :

Elles n'ont plus eu les moyens de leur développement, n'ont pas su innover et avoir une vision d'avenir qui a provoqué beaucoup d'échecs.

Exemples d'entreprises familiales au XXIe siècle :

Publicis, France, groupe mondial de communication
Porsche, Allemagne, automobile
Albert Frères, Belgique, finances

Ainsi, dès la seconde moitié du XIXe siècle, le capitalisme familial s'est développé à partir de grandes fortunes (les 500 familles). Elles investissaient à l'échelle d'un territoire, qui dans l'acier, les mines, le textile puis l'automobile. Propriétaires de l'outil de travail, ces bons pères de familles étaient également les gestionnaires accompagnant le développement des entreprises grâce aux profits engendrés par la production. Critiqué à juste titre, leur mode de gestion paternaliste n'a été véritablement contrecarré par la naissance et le développement des luttes sociales que lorsque se sont produites de grandes catastrophes (dans les mines du Nord de la France notamment) où des ouvriers perdirent la vie. Les syndicats sont nés et ont obtenu de haute lutte quelques droits sociaux, notamment en matière de santé. Les premiers capitalistes, les plus libéraux, ont vite compris leur intérêt à accompagner les mouvements de protection sociale de leurs salariés, surtout en matière de santé. Les premières mutuelles ne sont pas nées dans l'hostilité du pouvoir économique et politique.

Le capitalisme familial n'est pas mort avec les grands regroupements industriels et financiers de la seconde moitié du XXe siècle. Même s'il a perdu ses *parts de marché* sur la capitalosphère, 28% des 1 000 premières entreprises mondiales restent contrôlées par des familles.

Après la seconde guerre mondiale, ces entreprises n'ont pas toujours eu les moyens de leur développement, technologique notamment. Ces familles ont ainsi été obligées d'aller chercher d'autres capitaux et ne contrôlent plus désormais que le noyau dur des entreprises, une minorité de blocage. Le capital s'est ouvert à d'autres actionnaires et le pouvoir décisionnel, détenu jusque-là par le propriétaire, a été confié aux techniciens, souvent des gestionnaires et des hommes formés au secteur d'activité concerné.

Le capitalisme technocratique

Compte tenu de la dissolution du capital lié au manque de savoir-faire des propriétaires *familiaux*, le pouvoir a été accaparé par les technocrates. Naît ainsi l'ère des managers qui consacre la séparation du pouvoir entre propriétaires et dirigeants opérationnels. Le projet industriel s'est donc progressivement effacé au profit de la stricte rentabilité. « Les dirigeants profitent de cette marge de manœuvre pour maximiser leur utilité, soit en cherchant la maximisation de leur salaire tout en maximisant le profit des actionnaires, soit en maximisant leur

Capitalisme technocratique

Principal avantage :

Une vision industrielle et technique

Principal inconvénient :

Risque de rupture entre intérêts des technocrates et des actionnaires.

Exemple flamboyant d'entreprises technocratiques au XXIe siècle :

Vivendi, devenu Véolia

Capitalisme financier

Principal avantage :

Capacité de mobiliser les moyens financiers nécessaires au développement de l'entreprise

Principal inconvénient :

Déconnexion entre la recherche de la rentabilité à tout prix et le projet industriel

Exemples d'entreprises financières au XXIe siècle :

Fidelity invest. SAS, USA, autobus, interim.

Lagardere, France, armement et médias.

Wendell Invest, France, industrie et édition.

salaire au détriment des actionnaires » selon José Allouche et Bruno Ammann[3].

Le capitalisme financier

Nos technocrates ont fait entrer les entreprises dans un cercle infernal où le profit prime sur tout. Ce besoin de capital et de moyens financiers a conduit à une profonde modification de l'objectif de moins en moins cohérent avec le projet initial de l'entreprise. Une course-poursuite s'est engagée pour gonfler la valeur (apparente) de l'entreprise : l'exemple le plus frappant reste la bulle internet.

3. *Le retour triomphant du capitalisme familial* de José Allouche et Brunon Amman. Asso.nordnet.fr/adreg/allouche-amann

Dans un monde économique en tensions permanentes les choses ne vont pas d'elles-mêmes. Les actionnaires ont pris goût aux rendements de plus en plus élevés. Mais ce n'est jamais assez...

Ne dit-on pas que l'argent appelle l'argent. Les actionnaires entendent donc reprendre le pouvoir sur les technocrates renvoyés au simple rang d'employés ; haut de gamme si l'on en juge par les *golden parachutes* qu'ils se voient accordés, mais corvéables à merci. Les cadres des plus modestes aux plus élevés ne sont plus protégés par leur statut social.

Le capitalisme capitalistique

Depuis la fin du XXe siècle, la dominante décisionnelle est donc si financière qu'on peut se demander si elle n'est pas devenue seulement financière.

Parmi les actionnaires émergents, les fonds de pension font régner un ordre nouveau sur la planète économique. Ils investissent pour gagner de l'argent et non pour faire gagner un projet. Ils sont donc très volatils et vont jusqu'à mettre en péril les objectifs strictement entrepreneuriaux. Investissant ici hier, là aujourd'hui et ailleurs demain, ils modifient considérablement la nature du capitalisme. Évidemment, projets et proces-

Capitalisme capitalistique

Principal avantage :

Forme extrême du capitalisme financier avec une forte capacité de mobiliser des budgets

Principal inconvénient :

Ces entreprises disposent de fonds gérés par des financeurs zappeurs, externes à l'entreprise, très volatils et prêts à investir ailleurs si la rentabilité y est meilleure.

Une illustration : entre 1994 et 1999, la valeur du Dow Jones a été multipliée par 3. La richesse nationale des USA a augmenté de seulement 30 % et celle des entreprises de 60%.

Exemples d'entreprises capitalistiques au XXIe siècle :

Les fonds de pension capitalistes sont de véritables entreprises capitalistiques comme :

Brandes Invst, Canada

Capital Group Compagnies, USA

sus industriels demeurent la base mais le mode de pouvoir a structurellement changé. Dans leur logique, il n'est pas gênant de fermer une entreprise jugée trop peu rentable si on peut investir dans une autre qui l'est un peu plus.

Quoi de plus conforme au mécanisme fondateur du capitalisme ? mais cette fois la logique productive compte moins que la logique spéculative.

La spécificité et le cynisme de ces fonds de pension est qu'ils échappent complètement aux contrôles de leurs propriétaires : les salariés. On oublie un peu vite que ce sont eux qui ont cotisé à ces fonds et qu'il s'agit de salaire différé. Avec la vision dominante à court terme, la recherche d'un rendement maximal fait florès. Mais il existe des fonds de pension répondant à des critères sociaux, environnementaux, civiques. En particulier ceux qui adhèrent au « Commitee on Workers Capital » (CWC) comme Fundaction ou Batirente (Québec) ou encore AFL CIO Housing Investment Trust (USA), Metall Rente (Allemagne) ou d'autres comme les Fonds gérés par les syndicats suédois et la mutuelle Folksam.

Pour le CWC, « la notion de capital des travailleurs » fait référence aux actifs accumulés dans le cadre de régimes à financement collectif destinés à garantir aux travailleurs une sécurité financière pour leur retraite. Etant donné qu'ils sont propriétaires de ces paiements différés, les travailleurs sont les propriétaires indirects d'une part significative des actifs à l'échelon mondial et ce, indépendamment des différences qu'il peut y avoir d'un pays à un autre dans le modèle d'allocation des fonds de pension. D'après une estimation (2002), l'épargne générée par les caisses de retraite et les fonds de pension de travailleurs à l'échelon mondial représentait plus de 11 trillions de dollars. D'autre part, il est estimé que les avoirs en fonds de pension représentent approximativement un tiers du total des actifs mondiaux, pouvant atteindre des niveaux nettement plus élevés dans certains pays comme le Royaume-Uni ou les Etats-Unis.

Les fonds de pension constituent donc pour le CWC une boîte à outils exhaustive et polyvalente. Les actions positives peuvent aller de l'activisme coordonné d'actionnaires aux campagnes de vote par procuration, en passant par les interventions internationales auprès d'entreprises et des gestionnaires d'investissements dont les fonds de retraite sont actionnaires. Autrement, un système de tri par « élimination » peut être appliqué pour exclure les entreprises recourant à des pratiques indésirables (violation des normes sociales, environnementales, atteintes aux droits des travailleurs, etc.) des investissements de fonds de pensions et de caisse de retraite. Une organisation et une coordination efficaces peuvent aider le capital des travailleurs à venir à bout d'irrégularités persistantes des milieux corporatifs ou des marchés financiers, favorisant par là l'amélioration du gouvernement d'entreprise. Les capitaux peuvent être acheminés vers des domaines nécessiteux de l'économie qui ont été négligés par les investissements institutionnels traditionnels (investissements ciblés à vocation économique). Aujourd'hui, cette force considérable ne cesse de croître et contrôle 40% des 8 700 milliards de dollars de la Bourse de New York en poursuivant un unique objectif : le rendement.

Tous pour un : le profit.
Un pour tous : le travail ?

Ce processus paraît inéluctable mais ne l'est pas. Nous le démontrerons. Il a une conséquence : la *valeur travail* n'est plus portée par le capitalisme et l'on assiste régulièrement à de véritables casses sociales. Et c'est une nouveauté puisque, jusqu'à une période récente, les capitalistes estimaient que la réussite des individus passait par le travail. Comme ils le fournissaient, les salariés devaient leur en savoir gré. Pour gérer les dégâts, ils les renvoient maintenant vers les gouvernements sommés de trouver des solutions palliatives d'accompagnement.

Le système capitaliste a dit aux salariés : « *On n'a plus besoin de vous, du coup certains vont perdre leur emploi mais d'autres auront encore la chance de travailler* ». Nuance ? Plus que cela. Cette position signe le fait qu'on n'inclut plus dans le process les femmes et les hommes qui font tourner l'entreprise. Ils sont dépossédés de la valeur de leur travail comme les produits qu'ils fabriquent sont dévalorisés à une allure folle en raison de progrès technologiques en perpétuelle évolution.

Il est loin le temps où l'on entendait : « *Je paye correctement mes ouvriers à la chaîne pour qu'eux-mêmes puissent acheter mes voitures* ». Certes, on a de moins en moins besoin d'eux. La notion de salarié consommateur a peu à peu disparu. La conscience même qu'il faut des acheteurs pour écouler la production s'est effacée en même temps que la *valeur travail*. Elle est aujourd'hui abandonnée, en raison du manque de travail justement.

Ayons l'exigence de reconnaître que les libéraux (nouvel habillage linguistique du capitalisme) ne sont pas d'accord entre eux sur cette question. Certains attendent une meilleure prise en compte de l'intelligence des femmes et des hommes sur lesquels il faut, malgré tout, compter pour assurer la production, y compris de services puisqu'elle a remplacé (quantitativement) la production industrielle.

Et c'est souvent vers les politiques qu'ils se tournent pour trouver une solution à la nouvelle donne.

Etats et capitalistes dans la même danse

Point de citoyenneté dans la société capitalistique ? Point d'Etat régulateur ? Pas si sûr ! Le capitalisme a su s'appuyer sur les gouvernements (au point de devenir oppressant) sommés d'être complices et convoqués pour coordonner les orientations des grands capitalistes ou préserver certains marchés. Non sans humour, Charles Lindblom dans *The market system* (Yale University press 2001) pointe le rôle des puissances publiques : « Si le système de marché est une danse, c'est l'Etat qui fournit la piste et l'orchestre » !

Ainsi s'est développé puis affirmé, non sans brutalité, le mouvement libéral et ultra-libéral. En son nom, les grandes multinationales n'ont jamais interrompu leurs activités lucratives au Chili sous Pinochet ou en Afrique du Sud pendant l'apartheid. Que ce soit dans le respect des processus électoraux ou par voie de lobbying, le capitalisme politique a donné les résultats caricaturaux que l'on sait avec Reagan aux Etats-Unis (1981-1989) et Margaret Thatcher (1979-1990) au Royaume-Uni pour ne citer qu'eux. Néanmoins, les régimes considérés comme ultra-libéraux se protègent eux-mêmes d'une trop grande dérégulation du système en étant très protectionnistes alors qu'ils sont les plus agressifs à l'extérieur. On le voit dans l'Amérique bushiste, par exemple. La liberté se conçoit pour les uns mais pas forcément pour les autres : c'est une des problématiques posées à l'OMC.

Gouvernements et législateurs sont devenus les garants de l'espace d'action des capitalistes. Les grands projets internationaux les plus ambitieux ne se sont-ils pas construits autour de l'économie ? Et parfois avec succès : la communauté européenne en est un exemple, même si aujourd'hui d'autres attentes plus que légitimes (sociales, environnementales, fiscales...) se font jour. Des sociétés d'économie mixte sont aussi nées de ces alliances entre public et privé. Quelques exemples retentissants témoignent de leur fragilité : la semi- privatisation des chemins de fer britanniques ou Eurotunnel ont provoqué des dégâts humains phénoménaux et financiers fâcheux pour les petits porteurs d'actions attirés par le mirage de la spéculation.

Autre motif d'intervention des Etats : la lutte contre les positions oligopolistiques ou monopolistiques qui changent la nature du marché. On voit d'ailleurs, parmi les nouveaux dirigeants d'Amérique latine et du Sud, émerger un courant régulateur du marché des matières premières auquel se plient, bon gré mal gré, les grandes entreprises capitalistiques mondiales. C'est ainsi que sont nées les lois anti-trusts aux Etats-Unis. De son côté, le Japon a organisé un étroit partenariat entre l'Etat et les entreprises (particulièrement les grands conglomérats ou keiretsu, comme Mitsubishi, Mitsui, Fujibank, Sanwa... La crise bancaire, dans une période récente, a montré la volonté de l'Etat japonais à aider ce secteur à se réorganiser et à se redresser.

Les entrepreneurs capitalistes ont, de tout temps, eu besoin d'alliés. Très tôt, ils ont conclu entre eux, même lorsqu'ils étaient concurrents, des alliances d'intérêts. Très tôt, dès le XIXe siècle, ils ont cherché et trouvé des alliés du côté politique pour, a minima, qu'ils soient les garants de leur liberté d'action. *Puisque Etats il y a, puisque gouvernements il y a, puisque législations il y a, puisque réglementations il y a... autant s'assurer qu'elles aillent dans le bon sens,* semblent penser les tenants du système. Et pour cela, il faut les soumettre à l'idéologie capitaliste.

C'est ainsi que des régimes d'Amérique du Sud devaient, il y a encore quelques années, leur vie ou leur mort à l'alliance des forces économiques et du gouvernement américain. Plus près de nous, l'intervention américaine en Irak ne plonge-t-elle pas en pleine lumière l'alliance entre les puissances économiques (liées ici au pétrole) et le pouvoir dans ce qu'il a de plus régalien : sa capacité à enclencher une guerre.

Sans aller chercher d'exemples aussi dramatiques, constatons que cette volonté de s'aliéner les décideurs politiques s'exprime si fort que de nombreux capitalistes ne rechignent pas à participer au pouvoir, à l'investir, y compris en ayant des élus.

Que faut-il penser aussi de la concentration des médias en Europe, notamment en France, entre les mains d'industriels liés aux Etats par des contrats énergétiques ou militaires ?

Le libéralinguisme

Né au siècle des Lumières et mis en œuvre avec des Révolutions américaine et française, le libéralisme portait une conception du monde toute différente de celle que l'on connaît de nos jours. Il prétendait défendre la liberté pour tous, liberté de choisir sa vie, de s'exprimer, d'agir et de créer des activités économiques qui ne seraient plus réservées à quelques privilégiés. Les libéraux se sont ensuite divisés en deux branches principales : les uns insistant sur les libertés individuelles, civiques et politiques ; les autres entendant privilégier le volet économique et devenant, au cours des XIX et XXe siècles, les fidèles zélateurs du capitalisme, au motif qu'il fallait laisser les individus libres d'utiliser à fond et sans entrave ce système au risque de rogner les libertés individuelles et collectives fondamentales. Comment interpréter différemment la fermeture d'entreprises du jour au lendemain, quand il y a rupture de la relation sociale sans protection des droits fondamentaux et que, souvent, ces sociétés ont bénéficié de l'aide de collectivités locales, donc des contribuables ?

Certains, catholiques et protestants sociaux ne s'y sont pas trompés et ont opposé une résistance interne, encore vive au XXIe siècle, où ils déplorent les dégâts que fait courir le capitalisme capitalistique à la société humaine tout entière.

L'image du capitalisme devenant exécrable, le libéralisme lui a servi de paravent. C'est d'abord le vocabulaire qui s'est trouvé affecté par une novlangue sympathique et consensuelle où les mots qui fâchent ont été bannis du discours économique, dans le dernier quart du XXe siècle. Les patrons sont ainsi devenus des *entrepreneurs*.

Ce qui n'est pas sans porter une forte contradiction avec ce que nous avons vu plus haut : la mise en avant de la notion de projet d'entreprise (porté par les *entrepreneurs*) alors que ce qui compte, dans les faits, n'est autre que la réalisation de profits financiers. Inéquitablement répartis de surcroît.

Les nouveaux capitalistes voulaient-ils revaloriser la notion d'entrepreunariat ? Ou seulement se bercer de cette illusion ? Cela dépend du viseur choisi ! On ne saurait exclure une autre hypothèse : peut-être ont-ils voulu peser sur les financiers pour leur rappeler cette exigence initiale du capitalisme qui donnait du sens à la production.

Autre exemple de ce *libéralinguisme*, l'accumulation du capital s'abrite derrière la logique de « l'investissement ». Une notion positive qui projette dans l'avenir, implique une forme d'enveloppement protecteur mais aussi... destructeur.

Ce changement de langue est contemporain des formes organisationnelles plus complexes des entreprises (actionnariat multiple...). En choisissant un vocabulaire articulé autour du mot « liberté », le capitalisme est devenu plus difficile à identifier, ses ravages plus difficiles à combattre. Il n'y a plus de patrons de droit divin à incriminer. Ceux qui détiennent les rênes décisionnelles changent souvent et sans prévenir. Les libéraux ne voient pas cette dilution d'un mauvais œil. Ils revendiquent ce système plus flexible et plus souple où les relations au travail, par exemple, sont [en apparence] moins hiérarchisées. Le capitalisme moderne est ouvert sur le monde, en perpétuel mouvement. Quelle alternative saurait l'entraver sans être ringardisée, ostracisée ?

Cette ouverture reste à démontrer. Le capitalisme rejette les formes plurielles d'activités : coopératives, associatives ou mutualistes au motif que les outils d'analyse qu'il a mis en place les rendent illisibles. Evidemment, si on ne regarde que les indices boursiers, difficile d'entrevoir ces pans de l'économie puisqu'ils n'y sont même pas cotés !

Nous sommes très loin du libéralisme de la Révolution, la liberté de faire et de créer de la richesse est clairement entravée : d'accord pour la concurrence mais entre acteurs homogènes. Ceux qui sortent du rang sont stigmatisés. Nous sommes bien dans l'idéologie avec un système aussi verrouillé.

Comment mener de justes luttes sociales si elles s'opposent à un signifiant aussi fort que la liberté ? Le discours ambiant (*On ne peut pas faire autrement pour que le progrès continue*) a grandement contribué à rendre les syndicats atones.

Les politiques les mieux intentionnés sont aveuglés par l'éclat d'un capitalisme sorti vainqueur de son combat contre le communisme. Toujours au nom de la liberté, mais était-ce vraiment celle des individus ? Quant aux relais politiques du capitalisme, les libéraux contemporains, ils sont légion et ne voient pas pourquoi changer les choses.

Le capitalisme exerce une véritable fascination sur les masses et il a été décrit par Mona Chollet[4] qui pointe le triomphe de l'espoir sur l'intérêt propre des individus. En deux mots, chacun espère accéder à la richesse et « comprend » les motivations des plus riches, pensant pouvoir un jour se compter parmi eux. Ils jouent là contre leur propre intérêt.

C'est donc assez naturellement que la lutte s'est déplacée de l'entreprise elle-même vers le monde extérieur. Les citoyens ont commencé à poser les questions qui fâchent et à organiser la résistance, souvent à l'échelle d'un territoire.

En France, ces dernières années ont vu des commerçants fermer leur rideau pour protester contre la fermeture de telle ou telle entreprise avec l'appui de la population, dépassant largement les salariés ou les sous-traitants des sociétés concernées. La fermeture de l'usine Renault de Vilvoorde en Belgique a provoqué des mouvements de protestation inédits chez les salariés des pays européens voisins, en France, en Allemagne ou en Tchéquie.

La prise de conscience des méfaits du capitalisme est devenue plus citoyenne et plus internationale avec l'organisation de Forums Sociaux Mondiaux (FSM) à l'échelle planétaire. L'aspect liberticide du mélange capitalisme-libéralisme est devenu de plus en plus évident malgré l'acharnement mis à le considérer comme le comble d'une certaine modernité.

Tu seras capitaliste mon fils !

Le discours sur la création d'entreprise a également modifié la nature des choses. Le salariat tend à s'effacer au profit de micro-entreprises portées, dans les pays occidentaux, par le développement des services à la personne.

Le comble du libéralisme est de pousser chacun à prendre des risques considérables au motif que ce serait normal selon le bon vieux principe de marche en avant. C'est la grande affaire depuis la dernière décennie du XXe siècle : chacun doit créer son propre emploi. « *Regardez comme le capitalisme est ouvert, il vous tend les bras* ». N'est-ce pas séduisant par bien des aspects après tout ? Les arguments sont parfois bons et permettent à un grand nombre d'individus de s'épanouir.

---

4. *La tyrannie de la réalité*, Mona Chollet, Calmann-Lévy, 2004.

Mais attention : pas de filet de sécurité ni de *golden parachute* pour les *créateurs* qui ne parviendraient pas à naviguer dans les eaux rapides du capitalisme. En s'engageant ainsi, des hommes et des femmes ont abandonné un système (lié au salariat) qui leur offrait un minimum de protection comme l'indemnisation du chômage. Ils se retrouvent parfois endettés au point de ne pas s'en relever tout, ou une partie de leur vie. Aux Etats de gérer, le capitalisme n'a pas le temps : il avance !

Le tableau est bien noir. Pas tant que cela. Nous verrons plus loin qu'il existe des formes d'entreprise qui protègent et permettent de pérenniser les projets de leur(s) fondateur(s).

S'ils ne créent pas leur entreprise, les citoyens sont sommés d'apporter leur pierre – leurs pièces plus exactement ! – aux places boursières en vue : « *Si vous voulez profiter du système, entrer un peu plus dedans ne saurait vous nuire* ». Les Etats, là encore, n'ont pas joué un rôle mince en privatisant de grands services publics, partout en Amérique du Nord, en Europe et dans l'ancien bloc soviétique.

La capacité du capitalisme à enrôler des troupes est grande. Son habileté consiste à reporter sur les gouvernements la prise en charge des risques. Cela ne pourra pas durer aussi éternellement que le croient ses promoteurs qui tentent désormais de convaincre les pays émergents ou sous-développés de leurs bienfaits. Sauf que ces derniers n'en ont guère les moyens.

Il n'y a pas « un » mais des marchés

Faudra-t-il leur imposer le sacro-saint « Marché » ? Celui que les capitalistes voudraient nous faire croire consubstantiel à la nature humaine... De nombreux économistes l'ont décortiqué pour montrer à quel point il n'est qu'une construction idéologique. Faut-il, par exemple, rayer d'un trait de plume les marchés qui opéraient dans l'ancien bloc soviétique sans capitalisme ?

Le Marché n'est ni global ni unique contrairement à ce que les libéraux martèlent en additionnant avions rafales et poireaux, production d'énergies et navets.

Il n'est pas inutile de procéder à un petit rappel sur les marchés. Celui des actions est le plus connu. Les bourses internationales s'échangent les titres de propriété des entreprises détenues par des actionnaires puissants ou de simples petits porteurs privés.

Autre marché : celui des devises échangées les unes contre les autres sur le marché des changes.

Enfin le premier et principal marché en volume d'échanges est celui de la dette. Il est constitué de deux volets : le marché monétaire pour les dettes à court terme (généralement inférieures à trois ans) et le marché obligataire pour les encours à moyen ou long terme.

Tous ces marchés sont des espaces, aux règles plus ou moins écrites, où se jouent les relations entre acheteurs et vendeurs et où se frottent offres et demandes pour aboutir à l'élaboration d'un prix, d'une transaction...

Les marchés financiers sont basés sur des liquidités très volatiles, qui oscillent au jour le jour et sont censées éviter les grands chocs, notamment parce que leurs détenteurs sont multiples. Avec plus ou moins de succès, ils sont censés s'autoréguler grâce aux bourses, aux agences de notation, aux sociétés d'analyse et de contrôle financiers et aux Etats qui réglementent – nous l'avons vu – les échanges à l'échelle continentale ou mondiale.

C'est sur ces bases qu'ont pu naître ce que l'on a appelé les bulles financières, comme celles liées à l'explosion d'internet, à la privatisation des services publics de l'énergie (eau, gaz, électricité), des infrastructures (Eurotunnel...) ou aux spéculations immobilières.

Puisque les décisions ne sont pas prises sur des fondements démocratiques mais en fonction de la puissance financière des partenaires : celui qui détient le plus de parts du capital décide, les autres suivent ou s'en vont. Et du coup, la machine se dérègle souvent et avec fracas comme lors des cracks boursiers mémorables de 1929 ou de 1987. Et ce sont les Etats qui sont appelés à la rescousse, ce qui n'est pas neuf puisque, à sa façon, le Colbertisme en France consistait à réglementer et organiser les marchés. On a vu comment l'Etat pouvait préserver l'emploi et la consommation, en même temps que les intérêts capitalistiques en bloquant certains prix et en taxant certains produits (comme le textile importé), voire en mettant à la disposition des entreprises privées les fruits de la recherche militaire (aux Etats-Unis, notamment).

Le versant négatif peut être illustré par les ravages commis par l'idéologie capitaliste dans les pays émergents de l'Est européen comme en Pologne ou en Hongrie où, au nom d'un certain type de marché, des millions de gens ont été laissés sur le carreau. En Pologne, le taux de chômage atteint 30 % et le pays traverse une crise économique majeure faute de consommateurs. Résultats, les nationalistes polonais, pourtant très libéraux, disent que le pays doit se protéger à nouveau.

On voit ici qu'il existe des mouvements de balanciers et des conceptions du marché tout à fait différentes. Si le système était aussi universel et naturel que le prétendent ses promoteurs, les organisations internationales auraient sans doute moins de mal à travailler (cf : OMC). Les différends qu'elles doivent régler sont ceux qui opposent les libéraux entre eux. Assimiler l'existence du marché au capitalisme est donc une erreur car les capitalistes ne sont pas propriétaires de la notion de marché. Pourtant, ils considèrent que ce constat revient soit à nier des réalités basiques, soit à être niais (utopistes ou sympas).

N'empêche que d'autres systèmes économiques fonctionnent parfaitement dans l'économie de marché sans accepter les règles ravageantes du capitalisme pour la Société.

Un capitalisme ravageant

Le système capitaliste veut constamment s'approprier les résultats positifs des indices de l'amélioration du monde, comme la croissance.

Si l'on ne peut attribuer toutes les vertus au capitalisme, il ne faudrait pas non plus lui attribuer tous les aspects négatifs. Mais, en bons comptables, les capitalistes devraient aussi prendre leur part de la colonne « passif ».

Au XXIe siècle, on dénombre 1,2 milliard d'habitants des pays du Sud qui vivent avec moins de 1 dollar par jour ! Dans les pays en développement, au moins 250 millions d'enfants sont contraints de travailler. D'ici 30 ans, une personne sur trois vivra dans un taudis. Ce sont des éléments graves qui montrent que le système dominant n'est pas arrivé à réduire la fracture avec le Sud ni les écarts qui se creusent depuis une trentaine d'années dans les pays développés. Les effets de la croissance ne sont pas probants pour tout le monde.

20 à 30 % des citoyens de l'Union européenne sont proches du seuil de pauvreté (4$/jour), preuve que de nouvelles fractures s'y font jour. Dans l'ancien bloc soviétique, où le capitalisme s'est réinstallé, le taux de pauvreté est passé de 4 à 30 % de la population en moins de 20 ans ! Le capitalisme y est devenu un *importateur* de pauvreté.

Finalement, les effets de la croissance mondiale sont réservés à des couches de la population déterminées non seulement géographiquement, mais aussi sociologiquement.

Le capitalisme protège ses places fortes et, en même temps, il tente de s'exporter (Corée du Sud, Inde et autres pays émergents). Avec toujours de fortes distorsions même si la bonne parole dit que la population améliore son niveau de vie. C'est vrai même si c'est fragile.

D'autres pays, tout en acceptant l'économie de marché, refusent officiellement le modèle capitaliste dont ils se servent habilement. La Chine en est une illustration. On le voit avec la polémique qui l'oppose au groupe Danone. Une entreprise chinoise s'était associée avec l'entreprise française et dénonce maintenant le contrat en arguant de problèmes divers (qualité des produits...), comme cela s'est fait aux Etats-Unis. Qui a oublié qu'à ses débuts, le supersonique Concorde était accusé de ne pas pouvoir se poser sur le sol américain pour d'obscures raisons techniques et que les voitures européennes furent mises au ban des routes américaines au motif qu'elles n'étaient pas aux normes ?

Qui peut méconnaître que le très libéral président des Etats-Unis avait fait adopter sous la pression de Ford, Chrysler et GM, des quotas d'importation de voitures japonaises ? Aujourd'hui, le tout aussi libéral régime sud-coréen impose une taxe d'entrée d'environ 9 000 dollars pour un véhicule de 30 000 dollars !

Comme depuis ses origines, le capitalisme entend mettre la main sur les matières premières et la nature, elle aussi reste au service des projets économiques. On assiste à une surexploitation inégalée et irraisonnée des ressources naturelles. Dans la seule année 1990, l'ensemble des activités économiques ont dévoré 3% de l'ensemble des forêts. 24% des espèces mammifères sont menacées et en 30 ans les stocks de poissons en Atlantique ont été divisés par 4. Ces vingt dernières années, la production des déchets en Europe a augmenté de 30 %. Quant aux effets sur le climat, on en perçoit désormais l'ampleur. Mais pour les capitalistes, le principe de la marche forcée est toujours à l'œuvre : on arrangera cela plus tard !

Au souci de capter les matières premières, le capitalisme a ajouté la nécessité de trouver, pour exporter et échanger, des partenaires fiables capables d'acheter beaucoup plus qu'avant. C'est ainsi que l'on a assisté à des phénomènes de concentration spectaculaires pour happer les marchés émergents.

Aujourd'hui, 65 000 entreprises, directement ou à travers leurs filiales, contrôlent 70% du commerce mondial. On imagine les risques inhérents avec cette forme nouvelle de capitalisme financiarisé : si un ensemble va mal, cela va... très mal. Les conflits internes liés à la gestion des entreprises peuvent conduire à des phénomènes de fuite en avant où les résultats sont plus ou moins manipulés. Les actionnaires étant demandeurs de revenus très élevés – 10 à 20%/an – ils amènent les décideurs à ne plus dire la vérité, à cacher la réalité de la rentabilité. Cette fuite en avant fragilise le système tout entier, provoque des « accidents » (Cf : détournement d'actifs chez Siemens, par exemple).

La vieille lune selon laquelle les actionnaires exercent un contrôle permanent sur les entreprises et lui évitent tout risque d'insécurité est bien mal en point.

Les OPA montrent, elles aussi, à quel point le capitalisme est auto- dévorant. Le capitalisme du XXIe siècle est malade de lui-même parce qu'il ne profite qu'à quelques-uns sans véhiculer de progrès social. Ses réussites ne sont pas partagées du fait de la survalorisation du capital.

Dans cette nouvelle phase, les tenants du système parviennent bon gré mal gré à trouver un compromis entre ceux qui risquent leurs moyens financiers et ceux qui risquent leur travail. Mais la montée de la précarité à l'extrême risque de provoquer une prise de conscience salutaire visant à redonner un rôle sociétal aux entreprises.

Vous reprendrez bien un peu de RSE

C'est ainsi qu'est né le concept de Responsabilité Sociale des Entreprises (RSE). Sans doute, certains capitalistes ont pensé qu'aucune dynamique économique n'était possible sans susciter une dynamique sociétale, voire environnementale. Sans cela, ils risqueraient de rencontrer des résistances internes (salariés) ou externes (partenaires, clients, collectivités locales) et finiraient par payer cher le fait de n'en avoir pas tenu compte.

Les entrepreneurs ont, d'eux-mêmes, pensé à cela. Ils se positionnent comme les héritiers des premiers capitalistes en ce sens qu'ils sont favorables à un compromis social, seul moyen d'éviter le conflit permanent.

À titre d'exemple, les ciments Lafarge se sont préoccupés de leur impact sur l'environnement, avant que cela soit une obligation. Cela n'a pas empêché ce groupe de lancer un projet de prélèvement sur des bancs de sable au large de la Bretagne, dont les conséquences sur l'écosystème sont certaines selon les organisations environnementales.

Les racines de la RSE sont d'origines entrepreneuriales et pas seulement revendicatives comme on le croit souvent. Même si, parfois, des groupes de pression sont à l'origine de sa prise en compte, notamment aux Etats-Unis avec les institutions religieuses qui ont dit : « nous voulons bien investir mais il faut respecter un certain nombre de règles ».

Les ONG et les syndicats ont aussi joué un rôle majeur dans ce concept qui réunit principes moraux, valeurs émergentes de la société civile organisée et réflexion d'entrepreneurs.

Cette conjonction a conduit les partenaires politiques à reconnaître cela très rapidement et la commission européenne fait figure de fer de lance de la RSE dans le monde. L'ONU a défini le concept de *Global Compact* pour inciter, dans une démarche volontaire, les entreprises à tenir compte de cette nouvelle règle du jeu. Ce pacte invite les entreprises à adopter, soutenir et appliquer un ensemble de 10 valeurs fondamentales dans le domaine des droits de l'Homme, de la lutte contre la corruption, des normes du travail et de l'environnement. Une fondation a été créée pour soutenir les ambitions de ce pacte en 2006 (www.un.org/global-compact/).

Quelques entreprises capitalistes sont à la pointe de la recherche d'une meilleure responsabilité sociale ; elles ont pris les devants et pas uniquement à travers des actions externes et médiatiques mais en travaillant aussi sur des améliorations de leur impact en interne. D'autres n'ont vu dans cet outil qu'un moyen d'améliorer leur image sous l'angle du marketing. Elles affichent généralement très fortement un aspect de leur responsabilité – par exemple le fait de ne pas faire travailler d'enfants dans les pays du Sud – mais s'affranchissent de tous les autres éléments liés au développement durable.

En France, les entreprises cotées en Bourse doivent fournir un rapport sur la prise en compte de leur responsabilité sociale. C'est un élément d'affichage intéressant qui pourrait être étendu à l'ensemble de l'Europe.

On a également vu certaines ONG s'associer avec de grands groupes industriels pour rechercher des compromis dans la manière de traiter de ces questions.

Mais, au fond, cela change-t-il vraiment le fonctionnement de ces entreprises dont les règles de jeu dominantes restent celles de la rentabilité ? Peut-être, mais à condition de garder la main, de la maîtriser, de la contrôler et d'encadrer la communication. Aucune entreprise n'accepterait des régulations globales nationales ou régionales et encore moins tout caractère obligatoire et contraignant.

Les agences de notation sociétales, nées en même temps que la conceptualisation de la RSE, ont, certes, des barèmes mais ils ne permettent pas la comparaison. A leurs yeux, la RSE doit être une prise de conscience collective et non une contrainte passible de sanction ou de réglementations nouvelles. Il n'en demeure pas moins que sont de plus en plus nombreux les investisseurs qui répugnent à investir dans des entreprises qui n'analysent pas, ne serait-ce qu'à minima, leur comportement sociétal et qui n'en tirent pas des conclusions rapides.

Si toutes les activités humaines sont traversées par le concept de RSE, l'analyse des impacts est complexe. Au prétexte qu'il n'est pas le même pour un fabricant de yaourts que pour une société de services, faut-il créer des modes de comparaisons basés sur le plus petit dénominateur commun ou faut-il faire preuve d'une plus grande ambition ? C'est un enjeu de l'avenir.

D'ici là, le business continue. Le discours RSE se développe mais les pratiques les plus brutales du capitalisme perdurent. Parce que même si une entreprise améliore son impact environnemental mais licencie à tout de bras : elle n'est pas dans la lecture globale de la RSE. A l'inverse, si elle prête attention à son personnel en bousillant l'environnement, c'est pareil !

La question est bien de savoir si la RSE exige de tout mesurer ou seulement une partie de l'activité des entreprises. Les instruments d'analyse sociétale existent mais les modalités de leur utilisation peuvent-elles être laissées à l'appréciation de chaque entreprise ?

En poussant la logique de la RSE jusqu'au bout, ne sera-t-il pas mis fin à l'ère monopolistique des bourses ?

Certains pensent que c'est une des clefs de la plasticité du système capitaliste qui fait, une fois encore, preuve de sa capacité d'adaptation pour perdurer. D'autres pensent qu'il y a, dans la RSE, la clef d'une nouvelle approche de l'analyse économique et sociale et plus généralement des activités humaines.

Romprez-vous avec le consensus ?

Le consensus capitalo-libéral dit de Washington ne fait pas l'unanimité montrant que la plasticité du capitalisme a ses limites et n'arrive pas à empêcher la naissance de courants politiques « résistants ». N'est-ce pas ce qui se passe dans les années 2000 en Amérique du Sud avec la recherche d'un autre compromis ; libéralo-populiste au Brésil avec le président Lula da Silva et plus radical au Vénézuela avec le président Chavez ? Il est encore trop tôt pour annoncer les résultats de leurs politiques et celles de leur collègues du Chili et d'Argentine mais rien n'est plus comme avant. Le capitalisme a reçu plus qu'un avertissement dans cette région du monde qui n'hésite plus à dialoguer avec les autres pays émergents (comme la Chine ou l'Inde) sans passer par les voies capitalistico-politiques traditionnelles. Chine et Malaisie ont été jusqu'à refuser de passer sous les fourches caudines du Fonds Monétaire International[5]...

Arrivera-t-il la même chose en Afrique où le capitalisme étranger continue à être fort actif et contribue aux troubles autant qu'aux inégalités ? Les plus performantes des économies africaines (Afrique du sud, Tunisie, Maurice, Botswana, Egypte, Maroc, Algérie, Nigéria) connaissent des régimes très différents dans lesquels l'influence des options capitalistes est très variable.

Sur ces continents naissent des réponses non alignées sur le modèle capitaliste même si cela passe par des arrangements et des compromis. Le présent et le futur du capitalisme ne sont donc pas uniformisés. D'autant que des mouvements internationaux d'un nouveau genre se sont constitués au nom de l'anti-mondialisme ou de l'alter-mondialisme : les pays du G8 en savent quelque chose ! Les Forums Sociaux Mondiaux, de Porto Alegre à Nairobi en passant par Bombay, ont réuni parfois jusqu'à 100.000 personnes et pèsent désormais dans les débats mondiaux face aux grandes institutions internationales, aux rassemblements d'Etats et aux sommets du capitalisme triomphant : Davos.

Les participants à ces forums débattent et interviennent sur de très nombreux sujets : droits de l'Homme, développement durable, démocratie politique et économique, nouvel ordre

5. J. Stiglitz in *La grande désillusion*, Fayard, Paris, 2002.

mondial... Depuis leur création, ces forums essaiment et donnent naissance à des forums continentaux. Ces rassemblements ouverts, même aux tendances contradictoires, se sont installés dans le paysage. Sans doute évolueront-ils et donneront-ils lieu à d'autres initiatives, mais ils indiquent déjà qu'au sein de la société civile mondiale émergente existe un solide fonds de résistance au capitalisme.

Des composantes de l'économie sociale participent à ces forums sachant pouvoir y trouver un écho, constater des convergences et nouer des liens avec d'autres organisations. Un moyen d'alimenter l'élaboration d'une...alternative.

Une économie de la société

Une économie, fruit d'une longue histoire

Nous l'avons vu, le capitalisme a créé ses propres outils d'analyses. Ils visent, notamment, à rendre compte de son efficacité financière mais négligent les impacts sociétaux négatifs qu'il provoque.

La chute du communisme réel a littéralement sidéré toute approche différente du système alors même, qu'au cœur de l'économie de marché, des modes d'entrepreneuriat différents existent. Ils ne sont ni étatistes, ni autogestionnaires et leurs origines sont à rechercher dès le XIIIe siècle avec le compagnonnage ! C'est une illustration concrète d'une possible mutualisation de moyens au service du développement personnel et professionnel de ses membres via la formation, l'initiation et l'assistance médicale.

La difficulté n'est donc pas tant d'imaginer une alternative que de faire connaître celle qui existe et qui marche...

La Révolution française de 1789, qui condamnait les coalitions ouvrières – faut-il le rappeler –, a entraîné de nouvelles formes de résistance clandestine avec la mise en œuvre de sociétés de secours mutuels ou de prévoyance et, dès 1830, d'associations de production.

Au milieu du XIXe siècle, l'industrialisation et la mécanisation ont provoqué une précarisation considérable du monde agricole. On fuyait les campagnes pour gagner les villes et espérer un emploi dans les charbons, l'industrie lourde ou les chemins de fer. Dès lors, de nouvelles doctrines voient le jour pour permettre aux premières victimes du capitalisme naissant d'accéder à des conditions de travail et d'existence supportables.

A cette époque – et cela demeure encore aujourd'hui – les approches charitables catholiques promues par l'économiste

Armand de Melun et, plus sociales, de Frédé
rateur du patronat social) jetteront les prém
« économie sociale » tant en milieu rural qu'u

En 1884, le rétablissement de la liberté d'a
syndicats ouvriers a permis de penser, au gra
d'une société différente au sein de laquelle les individus seraient aussi égaux que possible.

A la même période, au Royaume-Uni, Robert Owen posa les jalons d'une « coopération communautaire » qu'il exportera aux Etats-Unis avec un projet utopique : la création d'une entreprise rejetant le profit économique et la propriété privée des moyens de production. Son système se révélera un fiasco mais son idée de partage des moyens de production constituera une des bases de la future économie sociale.

En France, dès 1900, Charles Gide élabora une « république coopérative », essentiellement basée sur la coopération de consommation puis il théorisa une « troisième voie », l'économie sociale, comme racine d'une alternative qui dépasserait le monde de l'entreprise.

Penseur du solidarisme, Charles Fourier considérait que la civilisation contenait les germes de la corruption de l'Homme. Il revendiqua une société auto-organisée, grâce au développement d'associations, de mutuelles et de phalanstères (communautés de vie regroupant des producteurs). La répartition des biens prenait en compte le travail, le capital et le talent. Cette idée sera mise en œuvre par Jean-Baptiste Godin dans la seconde moitié du XIXe siècle avec son « familistère » de Guise (Aisne).

Louis Blanc était soucieux de la notion de fraternité et il théorisa la nécessité de faire disparaître la notion de concurrence sauvage, née de l'industrialisation et inhérente au capitalisme. Il pensait que l'Etat devait soutenir des « ateliers sociaux », ferments des futures coopératives de production.

Toutes ces recherches et les quelques actions qui en sont nées ont contribué à l'élaboration de la fameuse loi de 1901 régissant le statut des associations. Elles ont ouvert la porte à la constitution d'une économie sociale qui, au fil des années, s'est musclée pour devenir, à l'aube du XXIe siècle, une réelle alternative à un capitalisme toujours plus brutal.

Dès l'origine, les penseurs de l'économie sociale avaient le souci constant de placer l'homme au cœur des activités productives. Solidarité, recherche de l'harmonie, émancipation et résistance à l'oppression économique en étaient les maîtres mots.

Trois grands courants politiques ont ainsi permis l'émergence d'une économie nouvelle.

Les libéraux (Charles Dunoyer publie en 1830 un traité d'économie sociale) sont de farouches partisans de la Participation et préconise un capitalisme raisonnable. Léon Walras en France, Hermann Schulze en Allemagne et Stuart Mill au Royaume-Uni en sont les grands promoteurs. Le mouvement libéral a nettement appuyé la constitution des coopératives de consommation et de crédits.

De leur côté, les radicaux ont aussi plaidé pour le développement et la reconnaissance de l'économie sociale. Léon Bourgeois estimait que l'association et la mutualité sont des formes républicaines d'activités humaines fondées sur la solidarité. Ces idées seront relayées par le ministre radical Viger pour créer, dès 1900, les mutuelles agricoles. Plus tard, Edouard Herriot soutiendra les coopératives de production et, d'une manière générale, les radicaux estiment – encore aujourd'hui – qu'une meilleure répartition des richesses doit provenir de la libre initiative collective et pas seulement de l'Etat.

Les socialistes ont inspiré les pionniers de l'économie sociale notamment dans les milieux de l'imprimerie, des tailleurs de pierre, des tourneurs et des chapeliers. Ils ont pris des initiatives pour permettre à des coopératives de voir le jour afin de rendre accessibles les prix de produits indispensables : pain, vêtements, viande...

Il serait injuste d'oublier aussi les communistes qui, avec le théoricien utopiste Etienne Cabet, ont défendu au début du XIXe siècle une vision communautariste de l'économie sociale.

Au fil du XXe siècle, l'économie sociale s'écartera du monde politique par crainte de toutes les formes de récupération. Ce ne sera pas la meilleure idée qu'elle ait eue.

Une économie de la nécessité mais pas de la réparation

Très tôt le concept d'économie sociale est devenu opératif.

Premières nées, les coopératives agricoles ont vu le jour en 1822 au Danemark à l'initiative de céréaliers plongés dans la

L'économie sociale rassemble les acteurs des :
- Associations et Fondations
- Coopératives
- Mutuelles

A l'étranger : charities au Royaume-Uni et aux Etats-Unis, *selbsthilfe organization* en Allemagne, communautés en Afrique et en Amérique du Sud, toutes les formes d'activités à but non lucratif...

Leurs points communs :
- Libre adhésion
- Démocratie
- Indivisibilité des capitaux (fonds propres)
- Propriété commune
- Juste répartition des excédents
- Promotion des individus
- Solidarité
- Indépendance vis-à-vis des Etats

difficulté du fait de la concurrence du blé américain (déjà !). En France, les années 1880 ont vu se développer des « syndicats boutiques », préfiguration des futures coopératives agricoles (aujourd'hui devenues très puissantes). La première coopérative laitière est née en 1890.

L'association ouvrière, conceptualisée par Philippe Buchez, disciple de Saint Simon, a été imaginée au tout début du XIXe siècle. En 1834 est née l'association chrétienne des ouvriers bijoutiers en doré suivie plus tard par la compagnie des travailleurs unis et la verrerie ouvrière d'Albi. Toutes forment le socle des coopératives de production qui sont particulièrement dynamiques au XXe siècle aux Etats-Unis et dans le Nord de l'Espagne. On en dénombre un peu moins de 2 000 en France aujourd'hui.

Les coopératives de consommation sont nées, en 1844, à Rochdale en Angleterre à l'initiative de tisserands. Elles permettaient d'acquérir les produits de première nécessité pour les mettre sur le marché à un prix raisonnable. *Les équitables pionniers* de Rochdale ont véritablement démontré qu'une gestion coopérative pouvait être un modèle transposable et rigoureux.

Economie sociale :
Un poids lourd de l'économie européenne

248 millions d'Européens sont membres ou adhèrent à une coopérative, une mutuelle et/ou une association. En pondérant les doubles voire triples appartenances, on estime que 30% de la population européenne est membre d'une organisation d'économie sociale.

En France, l'INSEE Nord-Pas-de-Calais estime le poids économique de l'économie sociale à 11,7% du PIB national en 2003 (contre 6% en 1980). Le Conseil des Entreprises et Groupements d'Economie Sociale (CEGES) estime à 150 milliards d'euros les ressources des organisations d'économie sociale, hors banques coopératives. Ces dernières représentent 26,4% du marché. L'économie sociale emploie 1,8 million de salariés dont 90% dans des associations de tout style qui rassemble 21,6 millions de membres âgés de plus de 15 ans.

44 millions de Français sont couverts par une mutuelle de prévoyance et de santé et 22 millions sont membres de mutuelles d'assurance.

Les coopératives de crédit ont été créées, en 1864, pour permettre aux paysans allemands de se libérer de l'usure. Avec elles, est née l'idée de ne pas redistribuer les dividendes mais de les réinvestir pour garantir la pérennité d'un projet au service des générations futures. C'est, aujourd'hui, un des axes majeurs (et peu capitaliste !) de l'économie sociale moderne.

Toujours outre-Rhin – et en Italie - s'est développé le concept de banques populaires : elles ont jeté les bases d'une législation coopérative à l'échelle européenne.

Enfin les mutuelles de secours et de prévoyance sont nées dès les début du XIXe siècle. Elles se sont développées vers le secteur de la santé au XXe siècle et ont connu une régression après guerre, en France, avec la naissance de la sécurité sociale. Depuis, elles sont devenues complémentaires, mais – désengagements publics aidant – essentielles !

Chacun l'aura compris, l'économie sociale est fille de la nécessité. Quel que soit le secteur où elle est intervenue c'est avec une dimension sociale et sociétale.

C'est pourquoi, certains ont tendance à la classer comme une économie substitutive, une économie de la réparation. Trop « sociale » en quelque sorte.

Or, l'économie *sociale* n'est pas une construction idéologique ni une superposition artificielle de deux termes. La solidarité traverse toute son histoire. L'idée que l'on peut participer à une activité économique sans en être victime (pénibilité, maladie, précarité...) est au cœur du projet de l'économie sociale. Qu'est-ce qui amène des pêcheurs à créer une coopérative ? La possibilité d'acheter un bateau. Ils sont solidaires face à ce coût. Si ces hommes ne passaient pas par la coopération, ils ne pourraient pas exercer leur métier.

Affirmer cela n'est pas tomber dans les errements des années 70-80 où la coopérative était considérée comme une roue de secours. Avec une idée simpliste : quand une entreprise va mal, on la transforme en coopérative ! Ce n'est évidemment pas vrai. Si l'entreprise n'est pas viable, ce n'est parce qu'elle sera en coopérative qu'elle vivra ! Laisser planer une ambiguïté là-dessus est absurde et c'est renvoyer l'économie sociale à un rôle de palliatif économique irréalisable, donc suicidaire pour elle.

Au contraire, elle doit identifier les secteurs porteurs, dynamiques et travailler – entre autres mais fortement – sur des projets de reprise d'entreprises par les salariés. Ils peuvent apporter une plus-value dans la continuité de celles-ci au moment où leur dirigeant les quitte pour prendre sa retraite ou parce qu'il veut les vendre. Si les salariés ont envie de reprendre une société, c'est parce qu'ils la connaissent et la font vivre. Autre cas de figure, lorsqu'une entreprise se détache d'un groupe et peut être victime d'une opération d'achat non souhaitée par son dirigeant. Nous sommes bien dans un système bénéfique tant pour le dirigeant, qui voit pérenniser son projet entrepreneurial avec le personnel qu'il a choisi, que pour les salariés qui se trouvent engagés dans un processus durable.

L'économie sociale cherche la parade aux aléas du monde du travail et aux dégâts provoqués par une marchandisation du monde de plus en plus prégnante. En cela, le social est consubstantiel à la naissance de l'économie sociale. Face, c'est l'homme qui fait l'économie. Pile, la logique du progrès économique dépend du progrès social.

Que l'on ne s'y méprenne pas : pour y parvenir, rien ne s'oppose à une participation aux marchés. C'est le cas pour les coopératives qui sont frontalement concurrentes des sociétés classiques et qui sont, souvent, les meilleures dans leur branche. Il en est de même pour les mutuelles qui exercent

Entités et membres ou adhérents par grands secteurs

En France[1]	Membres
Coopératives (hors coop. Scolaires	4 400 000
Banques	17 240 000
Mutuelles de santé	44 000 000
Mutuelles d'assurance	22 700 000
Associations	21 600 000

Dans le monde, on dénombre 800 millions de membres de coopératives, 300 millions d'adhérents à des mutuelles de santé et 175 millions de sociétaires de mutuelles d'assurance. Les seules coopératives représentent, dans le monde, plus de 100 millions d'emplois, soit 20% de plus que toutes les multinationales réunies. Elles disposent de parts de marchés importantes : 74% du marché de la viande en Finlande et 71% du marché du poisson en Corée.
Les mutuelles de santé détiennent 40% du marché en Irlande et 55% en Slovénie. Quant aux banques coopératives, elles représentent 20% des parts de marché en Europe et les mutuelles d'assurance 21 %.

(1) T. Jeantet, Economie sociale. La solidarité au défi de l'efficacité, Documentation Française 2006. NB : Une personne peut être membre de plusieurs entités.

dans le domaine assurantiel face à des géants internationaux. Elles ont su trouver une place de leader dans bien des domaines (habitation, automobile et même santé).

Quant aux associations, elles apparaissaient, jusqu'à une période récente, hors marchés. Le développement des services à la personne montre que ce n'est plus le cas. Un véritable choix de société est posé : le soutien scolaire ou l'aide aux personnes dépendantes peut-il raisonnablement être confié à des entreprises lucratives ? Nous y reviendrons.

Des principes fédérateurs et structurants au cœur des projets

Des différentes sources idéologiques de l'économie sociale sont nés, peu à peu, une série de principes qui l'ont structurée.

La libre initiative collective. Coopératives, mutuelles et associations sont fondées par des ouvriers, des agriculteurs, des consommateurs, des employeurs, des syndicalistes ou des citoyens qui font le libre choix de s'associer sans en attendre un bénéfice financier direct autre qu'un travail ou que la pratique d'une activité solidaire, culturelle ou sportive.

La démocratie. Cette initiative collective conduit à mener les projets sur un pied d'égalité. En économie sociale, le pouvoir n'est pas détenu en fonction du capital apporté ou du service rendu (temps offert à une association par exemple). Quel que soit l'apport des individus, chaque membre possède une voix en assemblée générale, contrairement à une société capitalistique où seule l'action donne un pouvoir (décuplé selon le nombre de titres détenus).

La juste répartition des excédents. Si les organisations de l'économie sociale n'ont pas de but lucratif cela ne signifie pas qu'elles ne dégagent pas de bénéfice. Comment imaginer une entreprise coopérative ou mutualiste qui ne dégagerait aucun dividende pour gagner en pérennité, développer de nouveaux projets ? Ce qui les différencie des sociétés classiques est le mode de répartition des excédents. En aucun cas, ils ne rémunèrent la détention de fonds propres. Dans les coopératives, les parts sociales peuvent être abondées mais dans la limite d'un plafond fixé au départ. Les excédents sont donc réinvestis, placés pour garantir la durabilité de l'entreprise ou sont en partie reversés aux adhérents. C'est le cas, par exemple, dans les mutuelles qui ont eu l'occasion, ces dernières années, de ristourner une part des cotisations perçues à leurs sociétaires. Ce principe de juste répartition conditionne le management d'économie sociale.

L'indivisibilité totale ou partielle des fonds propres. De plus en plus d'associations sont amenées à développer des activités économiques pour servir leur finalité qui, elle, demeure non lucrative. Elles ont alors besoin de capitaux (fonds propres) mais ils restent impartageables. C'est aussi le cas des mutuelles. Dans les coopératives, les membres disposent de parts sociales rémunérées, mais elles doivent constituer des réserves impartageables. De plus, ces parts sociales sont liées à une activité dans l'entreprise et l'inclusion d'apporteurs de fonds extérieurs est très limitée. Grâce à ce dispositif, durable avant l'heure, les entreprises de l'économie sociale ne peuvent pas être l'objet d'opération d'achat ou de « revente » . Certains crient au collectivisme. Mais il n'en est rien puisque l'adhésion est libre, ce système n'est imposé par personne. C'est un choix sociétal.

La solidarité. Plus qu'un principe, il s'agit là d'un fondement originel de l'économie sociale. Cette solidarité s'illustre par l'organisation d'activités solidaires et implique, de surcroît, la solidarité entre les membres des différentes organisations.

La promotion de l'individu. L'idée d'harmonie sociale et civique des individus pour éviter l'isolement et le poids des inégalités est au cœur de ce principe. Faciliter l'insertion des personnes, reconnaître leur place dans les activités économiques et sociales en tant qu'acteur, producteur, consommateur ou apporteur d'idées donne un relief particulier à la citoyenneté. Cette notion s'élargie progressivement à celle du respect de l'environnement.

L'indépendance vis-à-vis de l'Etat. En France, à l'occasion du centenaire de la loi de 1901, le monde de l'économie sociale a fermement rappelé qu'il n'était pas le prolongement commode des administrations cherchant à échapper à leurs lourdeurs. Dans les pays de l'ancien bloc soviétique, cette émancipation est capitale puisque les coopératives étaient souvent considérées comme des excroissances du pouvoir institutionnel.

Héritière d'une histoire, comptable des principes auxquels elle se réfère l'économie sociale doit faire la preuve de leurs applications opératives, ce qui n'est pas toujours aisé dans un univers économique normatif.

Le risque majeur réside dans la banalisation de ces entreprises. Les règles des marchés peuvent s'imposer au détriment des principes et rendre encore moins visible cette alternative.

Une économie sociale bridée qui cherche à se libérer

Monté en épingle par le patronat en France, en Italie ou au Japon, un procès en sorcellerie contre l'économie sociale a voulu faire croire qu'elle était une économie subventionnée, sous perfusion publique et qu'elle représenterait, du coup, un danger pour la libre concurrence. Cette aimable plaisanterie a même fait son chemin jusqu'à la Commission européenne qui n'a pas corrigé un certain nombre de ses dispositions qui empêchent, dans certains secteurs et pays, le développement d'une économie non capitalistique, tentant, au nom du libéralisme le plus dur, de briser la liberté d'agir des entrepreneurs de l'économie sociale. Cette idéologie est largement inspirée par les lobbys industriels et financiers américains, ne supportant

Des coopératives diversifiées parmi les plus importantes du monde				
Organisation	Secteur	Pays	Création	CA en millions de $
Zen-Noh	Agro-alimentaire	Japon	1948	14 961
Noweda	Pharmacie	Allemagne	1939	527
Co-op Tokyo	Commerce	Japon	1957	585
National Cable TV	Audiovisuel	USA	1984	195
Seminole Electric	Energies	USA	1948	958
China Recycling		Chine	1989	125
COAMO	Agro-alimentaire	Brésil	1968	762
Coop Centro Italia	Commerce	Italie	NC	1 540
Amul	Agro-alimentaire	Inde	1966	10
Egged Bus Coop	Transport	Israël	1933	NC
Dairy Farmer	Agro-alimentaire	Royaume-Uni	2002	145
Caja Popular	Banque	Mexique	1951	1 213
E. Leclerc	Commerce	France	1962	21 110
Migros	Commerce	Suisse	1925	14 746
Mondragon	Commerce	Espagne	1956	25 164

pas l'idée qu'existent des entreprises démocratiques et non attaquables par les vieilles voies boursières habituelles. La modernité même de l'économie sociale leur paraît inadmissible et dangereuse : ils ne veulent pas d'une économie plurielle.

Tout cela permet toutefois de tordre le cou à une idée reçue et opportunément répandue, car – jamais, ô grand jamais – l'économie sociale n'a été « subventionnée ». Parce qu'elle est non lucrative, les Etats considèrent généralement qu'elle participe de manière spécifique à la création d'emplois et à la vie économique. Ainsi, elle bénéficia, un temps, de la réservation d'un quart des marchés publics (le quart réservataire).

S'il a été supprimé par la Commission européenne, de nombreux pays envisagent de rétablir ce dispositif parce qu'ils voient bien qu'il contribue à pérenniser l'emploi à l'échelle d'un territoire !

Il faut noter qu'en Italie la notion de coopération est clairement inscrite dans la Constitution. Un fonds commun de

Ils représentent l'économie sociale dans le monde

Coopératives, banques et mutuelles : Alliance Coopérative Internationale. www.ica.coop/fr

Mutuelles de santé et de prévoyance : Association Internationale des Mutuelles de Prévoyance et de Santé (AIM). www.aim-mutual.org

développement coopératif a même été créé preuve que la société italienne en attend quelque chose en terme de vie républicaine et démocratique. L'économie sociale, elle, revendique aussi ce rôle de partenaire particulier.

Dans plusieurs pays émergents ou en développement, les gouvernements régionaux cherchent à s'appuyer sur des outils stables et durables et voient dans l'économie sociale une réponse à leurs attentes. C'est notamment le cas au Brésil.

La proximité du secteur public et de l'économie sociale vient sans doute du fait que l'un et l'autre sont soucieux de l'intérêt général et de l'utilité sociale des entreprises et des activités.

Néanmoins, aucune disposition claire définissant ces notions n'existe au plan international ni même européen. Les organisations de l'économie sociale peuvent même être interdites dans des pans entiers de l'économie au motif que rien n'est prévu pour ces entrepreneurs « anormaux » : pensez, ils n'ont pas de but lucratif !

Donc, l'économie sociale ne bénéficie d'aucun avantage alors qu'elle est en droit de réclamer un minimum de prise en compte sur les plans législatif et fiscal pour exercer à la fois dans le secteur marchand et non marchand, monétaire et non monétaire.

Au Portugal, jusqu'à une période très récente, les mutuelles n'avaient pas le droit de se développer en dehors d'une corporation. En Europe de l'Est (dans l'ancien bloc soviétique), les coopératives ont été rejetées parce qu'elles avaient été instrumentalisées par l'ancien régime. La notion même d'association ou de mutuelle avait été bannie. Il y a eu de véritables descentes aux enfers, notamment en Pologne et en Hongrie. Mais la tendance se renverse doucement.

La Pologne foisonne d'associations qui animent la vie civique ; la première mutuelle polonaise, née en 1992, a signé plus de 700 000 contrats.

En Hongrie, les coopératives de consommation, autrefois très puissantes, ne se sont pas complètement effondrées. On avait prédit la chute des banques coopératives, là encore, elles ont fait mieux que résister...

L'économie sociale occidentale apporte sa pierre à ce nouvel édifice mais de manière beaucoup trop éparpillée. L'alliance coopérative internationale, reconnue par l'ONU, intervient fermement auprès des Etats avec un succès certain. Mais, il faut bien reconnaître qu'il n'est pas aisé d'accorder une place à l'économie sociale[6] entre le tout Etat et le tout privé dominant. L'économie sociale refuse, elle-même, de choisir entre le capitalisme et l'Etat. Elle promeut une autre voie, celle de la liberté ; liberté d'initiative associée à une démarche démocratique et sociale.

De ce point de vue, l'économie sociale n'est ni un juste milieu ni un compromis. Pour ses acteurs, la réussite sociale et la réussite économique sont indissociables. Elle ne cherche pas, non plus, à imposer un modèle mais accompagne ou suscite des projets à l'échelle d'un territoire et sur des valeurs qui sont universelles.

Contrairement au capitalisme, l'économie sociale n'a pas de vision hégémonique, exportatrice. Son modèle peut être saisi n'importe où sur la planète. Mais il ne s'agit pas de transposer dans les pays du Sud ce que l'on fait au Nord et inversement.

Par exemple, le développement des tontines en Afrique n'a pas attendu le capitalisme ; des femmes ont imaginé ce système sans qu'on ait eu besoin de l'importer. Il y a d'ailleurs beaucoup à apprendre de ces expériences. L'économie sociale en tient compte. Parce qu'elle refuse une vision unique et monopolistique des choses, elle accepte la diversité des projets et des statuts. Ce qui lui coûte, parfois, d'être taxée d'incohérence : qu'y a-t-il de commun entre ces tontines et des multinationales coopératives ? On peut renvoyer aux capitalistes, qui se targuent d'un fonctionnement homogène, qu'ils ne le sont pas plus : quel est le rapport, dans la gestion de l'entreprise, entre un artisan et une entreprise du CAC 40 ?

6. *Altermondialisation, économie et coopération*, Abdou Sallam Fall, Louis Favreau, Presse universitaire du Québec, 2004.
Rendre possible un autre monde, Jean-François Draperi, Presses de l'économie sociale, 2005.

En économie sociale, la cohérence surgit de la mise en application concrète de ses principes fondateurs qui garantissent la pérennité d'un projet et pas son accaparement par tel ou tel participant.

Un défaut de visibilité

Le talon d'Achille de l'économie sociale est sa difficulté à apparaître au grand jour comme un ensemble d'entreprises et d'activités associatives productrices de richesses pour la Société. Le capitalisme n'a cessé de dire que dans l'économie un seul choix est possible, le sien, et que ce choix n'a pas de lien avec les orientations politiques de la société.

L'économie sociale s'est dit : si je veux être prise au sérieux, je dois donner le change. La gauche politique a eu le même réflexe au sujet de la notion de marchés craignant, elle aussi, d'être considérée comme fantaisiste.

Au lieu de réfléchir à cela, l'économie sociale s'est repliée sur elle-même et n'a pas cherché à défendre ses positions originales. C'est une immense erreur stratégique. En ne se prononçant pas sur cette évolution idéologique du capitalisme elle pensait rester neutre. Elle évitait soigneusement d'apparaître comme défenderesse des politiques publiques, donc de l'Etat. En étant neutre, l'économie sociale s'est neutralisée !

D'autre part, elle n'a pas cultivé les liens entre ses différentes organisations. Le monde de l'économie sociale agricole ou de la pêche a vécu sa vie d'un côté pendant que le monde de l'économie sociale de production l'a vécu du sien. Les mutuelles étaient dans leur coin pendant que les associations étaient dans le leur. Elles ont vécu les unes à côté des autres et pas les unes avec les autres.

Ensuite, l'économie sociale n'a pas eu de compagnonnage continu avec les forces sociales et syndicales qui ont contribué à sa naissance. La priorité des syndicats a longtemps été d'organiser le grand soir alors que l'économie sociale était partisane de la réforme. Et puis, le fait que les relations dans les entreprises de l'économie soient moins mauvaises qu'ailleurs n'a plus nourri la discussion, y compris dans le conflit.

Petit à petit, en prenant ses distances, l'économie sociale a perdu ses appuis politiques. Sa fameuse neutralité, ajoutée à une expression éclatée de ses différentes familles, n'a pas arrangé les choses. Elle a fini par se dire : « vivons heureux vivons cachés ». Elle ne s'est pas impliquée dans le jeu des grands choix (libéral, étatiste, socialiste...) par crainte d'être abîmée au passage. Tout en restant proche des mouvements socialistes, radicaux et chrétiens, elle est devenue taiseuse et ses liens avec les politiques se sont distendus. L'économie sociale, et c'est le paradoxe, s'est trop peu saisie des questions sociétales, même si elle a été présente sur les thèmes relatifs aux droits humains ou aux droits sociaux.

Parmi les exemples qui l'illustre à l'échelle européenne : le feu vert donné par la Commission de Bruxelles à la cotation en Bourse des entreprises sportives. La financiarisation des clubs est en marche et la pratique du sport amateur pour tous s'en trouvera immanquablement perturbée. Comment pourrait-il en être autrement puisque la valeur de l'argent primera aux yeux des dirigeants et des actionnaires ? Nous sommes dans la marchandisation complète d'un pan entier de la société, d'un champ d'intérêt général, d'utilité sociale et l'économie sociale ne se dresse pas contre cela.

Par son silence, l'économie sociale réduit son champ d'influence. Heureusement, quelques initiatives salutaires viennent rappeler quelques-unes de ses spécificités. En France, un grand groupe coopératif de distribution a lancé une campagne publicitaire audio-visuelle pour vanter son soutien aux clubs de quartiers qui font jouer les jeunes par opposition au sponsoring des grands clubs qui paient leur joueurs à prix d'or. Ils présentent cela comme un choix de société. C'en est un et il n'est pas neutre de le voir fièrement arboré dans une campagne publicitaire.

Autre illustration : l'union nationale des associations sanitaires et sociales, en France, a affiché clairement son souhait de voir mis en œuvre un nouveau pacte social. Elle considère que l'on ne peut plus vivre dignement en France, où se développent la précarité et la stigmatisation des plus pauvres, sans que l'Etat ne réagisse au lieu de s'endormir sur le tissu des associations solidaires.

A l'inverse, le silence de l'économie sociale française a, par exemple, été retentissant lors de l'examen en France du Contrat Première Embauche imaginé par le gouvernement en 2005 puis retiré après que les étudiants se furent massivement mobilisés. Ce projet de contrat précarisait considérablement l'emploi avec une période d'essai de deux ans. L'économie sociale, soucieuse de progrès humain et de protection sociale, aurait pu intervenir et dire qu'elle et ses milliers d'employeurs ne recourraient pas à ce type de contrat. Rien.

Pourtant, dans d'autres pays, les organisations politiques et les gouvernements considèrent qu'il n'est pas possible d'agir sans tenir compte des idées véhiculées par l'économie sociale.

Ainsi, il existe, au sein du Parti Travailliste britannique, un Parti Coopératif qui se fait entendre. On a souvent entendu l'ancien locataire du 10, Downing street, Tony Blair, s'adresser aux organisations de l'économie sociale en tant que telles. Preuve qu'un social-libéral peut reconnaître le rôle de l'économie sociale et plaider pour de nouvelles frontières entre privé lucratif et coopératif !

Au Brésil, le président Lula da Silva dit la même chose. De nombreux gouvernements commencent à intégrer l' économie sociale comme un moteur du développement économique.

Reste qu'à l'échelle européenne, il n'y a plus de commissaire européen en charge de l'économie sociale. L'idéologie libérale et financière y domine. Son attention est seulement portée sur les entreprises capitalistiques... C'est un choix.

Face à cela, l'économie sociale doit afficher clairement le tronc commun qui rassemble ses organisations.

L'économie sociale face à l'exercice de la solidarité

Si le capitalisme utilise la langue comme une arme idéologique au service de sa promotion, l'économie sociale se perd dans la quête de nouvelles définitions... Ce qui, bien évidemment, ne facilite guère son identification. C'est ainsi qu'est né, en France, le concept d'économie solidaire. Ses promoteurs ont justement pointé les urgences sociales du moment et estimé que l'économie sociale n'avait pas trouvé de réponse pour les personnes les plus en difficulté.

Cette démarche a été accompagnée de réflexion et de conceptualisation autour de la mixité entre bénévolat et salariat, mixité entre les financements public et privé.

Cela a conduit à développer des sociétés anonymes, très solidaires aujourd'hui, qui ne seront certainement pas solidaires très longtemps parce qu'elles n'ont pas de statuts garantissant l'avenir.

Ces sociétés développent parfois des aspects liés à la solidarité, souvent via des associations connexes, mais elles créent une ambiguïté dangereuse. On peut légitimement craindre qu'elles soient dévorées par les règles capitalistiques dominantes.

Ailleurs, dans le monde, les choses sont différentes. Le secrétaire d'Etat brésilien chargé de l'*économia solidario*, Paolo Singer, dit « ne vous y trompez pas, je suis chargé de l'économie sociale qui doit être solidaire et la vraie traduction de mon titre c'est l'économie sociale » !

Réduire l'économie sociale à une fonction seulement solidaire revient à nier ses autres aspects, comme ses réussites économiques (où elle exerce la solidarité statutairement) et sa fonction citoyenne.

En Europe, les mutuelles d'assurance n'ont-elles pas profondément changé le marché assurantiel ? Qui sait qu'elles ont pesé sur la réduction des prix faisant baisser les cotisations (y compris de leurs concurrents capitalistes) de 20 à 30 % en une trentaine d'années ?

On le voit bien, l'économie sociale a une fonction solidaire qui s'exerce soit à l'occasion d'une activité prioritairement solidaire, soit dans l'exercice d'une stratégie économique, culturelle ou sportive. Mais elle a aussi une fonction citoyenne pour placer les femmes et les hommes en capacité d'agir par eux-mêmes.

Si l'économie solidaire a une vision restrictive de l'économie sociale, son mérite tient, néanmoins, dans sa capacité à pointer que l'économie sociale, chemin faisant, a oublié d'exercer de manière suffisante sa solidarité. Elle a aussi mis l'accent sur des formes de l'économie sociale comme le microcrédit ou le commerce équitable.

Si l'économie solidaire a l'avantage de rappeler à l'ordre l'économie sociale, elle laisse penser que l'on ne peut être solidaire qu'en restant « petit », qu'en réussissant localement. C'est une des raisons pour lesquelles les capitalistes libéraux voient d'un bon œil cette notion qui va permettre de remplir les béances sociales qu'ils ont contribué à créer. L'économie sociale a la capacité d'agir à l'échelle nationale ou internationale mais aussi localement, c'est sa force et elle ne saurait se laisser enfermer dans l'un ou l'autre choix.

Autre concept récent, également français : l'entrepreneuriat social qui laisse croire que n'importe quelle entreprise traditionnelle peut dire : « *j'applique la démocratie, la juste répartition des excédents* ».

Le problème n'est pas de mettre en cause la sincérité de ses promoteurs qui viennent de l'économie sociale. Il peut y avoir des entreprises capitalistiques vraiment participatives, qui protègent leurs salariés, mais ont-elles une vision globale ? En réalité, seuls les statuts sont garants des principes.

Une entreprise d'actionnariat classique ne peut pas, intrinsèquement, fonctionner de manière démocratique. C'est incohérent avec le système capitaliste puisque l'on touche là au mode de propriété de l'entreprise.

Le concept d' « entreprise sociale » suppose que des entreprises à forme classique peuvent avoir un caractère social très ambigu, sans être toutefois impossible. Mais l'économie sociale ne peut se réduire à un seul objectif car elle a pour ambition de mettre en œuvre un ensemble de principes de façon cohérente et durable. C'est tout à fait autre chose qu'orienter une entreprise vers un ou des objectifs sociaux.

Les mutuelles et les coopératives sont totalement indivisibles, cela suppose un management adapté qui ne soit pas centré sur la rémunération des fonds propres puisque la propriété est collective.

Personne n'oblige personne à choisir des statuts qui affirment et pratiquent la règle 1 personne = 1 voix. On les accepte librement et on s'y tient. Les statuts ne suffisent pas mais sont une garantie fondamentale.

Le financement des entreprises classiques, même non cotées, exige une rémunération du capital, seul moyen d'obtenir des liquidités.

A quoi cela conduit-il ? A une financiarisation. L'objectif est l'efficacité financière plus que le projet industriel, nous l'avons vu.

L'économie sociale souffre qu'on lui impose ces règles du jeu.

Elle a du mal à s'expliquer face à ce système.

La vraie question est de savoir comment elle peut faire appel à l'épargne des individus ou des opérateurs institutionnels en appliquant des modes de rémunération différents de ceux du système capitaliste au lieu de les singer avec le concept de l'entrepreneuriat social.

Car, si on veut que ces entreprises se développent en gardant leurs valeurs, il faut une rémunération particulière des parts sociales, sinon elles vont courir après le système traditionnel.

Pour une démocratie militante face à la montée de l'individualisme

Plus que le fait de savoir si l'économie sociale est suffisamment ou pas, solidaire – elle doit l'être –, un point mérite que l'on s'y attarde. Les institutions de l'économie sociale sont-elles suffisamment restées proches du terrain ?

Pas toujours, même si certaines, des mutuelles notamment, se sont régionalisées ou localisées dans les phases récentes de leur développement. Cela a été un moyen pour elles de répondre à l'exigence démocratique qui s'était émoussée en même temps que leur croissance décuplait, rassemblant à leur début quelques centaines d'adhérents, devenus en trois décennies, quelques dizaines de millions !

Cela nécessite donc de nouveaux modes de fonctionnement qui n'ont pas forcément été mis en œuvre.

Une économie qui se dit « différente » ne l'est que si elle est, réellement, démocratique.

Il faut donc s'interroger sur la signification des élections dans les organisations nationales où les représentants des sociétaires sont élus, sur une liste bloquée, par 20 à 30 % d'entre eux. Serait-il choquant d'expliquer – comme cela se fait parfois – d'où viennent ces candidats, de quelle sensibilité syndicale ou sociale ils se réclament ? De dire pourquoi ils s'unissent au sein d'une liste plurielle ? Cela n'est pas fait aujourd'hui et donne lieu à certaines critiques, assez justifiées.

Certes, l'excès de démocratie (cela s'est vu autrefois dans les entreprises autogérées de l'ex-Yougoslavie) peut nuire et l'alternance constante des dirigeants mettre en péril le développement ou la pérennité des entreprises. Ce prétexte a parfois été utilisé par des technocrates cyniques pour prôner la démutualisation.

Certes, il ne faut pas confondre économie sociale et AG permanente. Mais souvenons-nous que, dans le système capitaliste, la stabilité n'est plus de mise : les actionnaires font valser à leur guise les dirigeants et les dirigeants, en trouvant de nouvelles alliances capitalistiques, modifient le pacte actionnarial !

En fait, plus que l'affrontement permanent, la recherche du consensus est un carburant essentiel de la gestion des organisations de l'économie sociale.

N'oublions pas qu'une démocratie mal assumée a des conséquences sur la durabilité de ces entreprises car elles prennent le risque d'être abandonnées par leur base et donc de chuter. Dans les pays anglo-saxons, des mutuelles ont perdu le contact avec leurs membres, la technocratie a proposé des solutions de banalisation et l'a emporté au détriment des objectifs initiaux.

L'économie sociale n'existe pas par décret. Elle est l'œuvre de femmes et d'hommes qui, confrontés à des besoins concrets, imaginent d'eux-mêmes leurs réponses. Besoins qui s'imposent à eux ou dont ils provoquent la naissance. Cette appréhension des attentes est souvent collective : afin de répondre aux aléas du climat, du travail ou de la vie quotidienne. Les communautés d'artisans, les associations ou mutuelles sociales, les mutuelles d'assurance en sont la démonstration. Il peut être question d'un autre type de besoin, celui de rendre plus accessibles des produits et services ou bien d'organiser de façon plus humaine, plus participative une production. Et, là encore, l'approche est souvent collective, qu'il s'agisse des coopératives de consommateurs, des coopératives de production agricoles, industrielles ou de service.

Or, les pays dits développés sont entrés dans une ère d'individualisme exacerbé contradictoire, a priori, avec la démarche de l'économie sociale.

Risque-t-elle d'être vaincue par l'irrépressible montée de cet individualisme, lourdement flatté par le couple libéralo-capitaliste ? Depuis la fin des années 1960, l'individu a cherché à défendre son identité propre, sa liberté de choix, d'abord à l'ouest puis, peu à peu et différemment, à l'est. Au cours de ces mêmes décennies, les femmes ont fait la conquête de leur propre autonomie. Un certain nombre de cellules sociales, y compris familiales, ont été secouées et mises en cause. La course aux biens puis, plus tard, la course de plus en plus hasardeuse à l'emploi ont pris, dans des conditions très différentes, des allures individuelles.

Aujourd'hui, sous la pression de marchés individualisants (le marketing est passé par là) et plus encore d'outils de communications aussi discriminants que liants (internet), la priorité est donnée à l'individu. D'essence collective, l'économie sociale peut apparaître en porte-à- faux. Comme condamnée. Correspond-elle à une époque où chacune et chacun veut être reconnu, disposer de sa marge d'action, de son autonomie ? Il n'est pas sûr que l'économie sociale ait déjà fait la preuve de sa capacité à faire face à ces interrogations. C'est un violent paradoxe alors même que l'économie sociale a été conçue par des individus ayant un savoir-faire fort ou qui cherchaient précisément à reconquérir ensemble – mais pour l'épanouissement de chacun – leur identité. Sans doute l'image de l'économie sociale a-t-elle été déformée, la faisant apparaître comme plus collectiviste que collective, gommant une donnée essentielle : elle est constituée d'entreprises et d'organisations de personnes qui n'ont jamais eu l'intention d'abdiquer leur personnalité, au contraire. Il suffit de voir le développement d'associations thématiques dans tous les domaines de la vie humaine. Certains y décèlent même l'expression d'un corporatisme ou d'un communautarisme !

Voyons aussi l'internet. Il permet aux individus de croiser leurs informations et leurs idées, d'élaborer des positions et des constructions communes. Les cellules sociales continuent d'évoluer, de se disloquer et de se réinventer. Les nouveaux entrepreneurs veulent réaliser leurs ambitions mais sans s'isoler.

L'économie sociale doit se saisir de toutes ces tendances car elle ouvre la voie pour l'individu collectif[7], c'est-à-dire pour des personnes voulant à la fois préserver (voire renforcer) leur identité et participer de façon démocratique et équitable à des activités collectives.

L'économie sociale c'est donc l'individu avec le collectif choisi, donc avec la société, et non l'individu contre ou exclu du collectif. En cela, l'économie sociale est une solution de liberté.

Du management en économie sociale

Les grandes organisations de l'économie sociale se sont laissées influencer par le discours capitaliste sur les modes de management. On leur a dit : « *vous ne pouvez pas être sérieux si vous êtes démocratiques, vos processus de décision sont complexes, lents, pas transparents* »...

Les tenants du capitalisme touchent, là, un point sensible. C'est vrai, les processus de décision sont souvent plus longs en économie sociale mais comment être une entreprise à vision durable si on ne prend pas un certain nombre de précautions, notamment en consultant ses différentes parties prenantes ?

---

7. Cf. T. Jeantet, *L'individu collectif*, Ed. Entente, 1991.

De leur côté, les entreprises de l'économie sociale ont longtemps dit : « *nous sommes des entreprises comme les autres et, en plus, nous sommes coopératives ou mutualistes* ». C'est un tort, qu'elles reconnaissent désormais en s'affirmant « *différentes par nature* ». A travers cette affirmation plus militante, l'économie sociale gagne en pertinence. Mais, il lui manque de n'avoir pas promu un mode de gestion et de management spécifique. C'est ce que lui reproche notamment les représentants de la grande coopérative laitière indienne Amul qui ont suggéré, lors des Rencontres du Mont-Blanc[8] en 2006, la création « *d'un réseau international du management de l'économie sociale parce que nous n'acceptons plus de subir des leçons de management qui n'intègrent pas nos critères démocratiques et solidaires* ».

L'économie sociale doit être moins timide, elle doit se désinhiber. Elle a oublié qu'elle porte en elle un autre type d'efficacité qui dépasse l'efficacité économique. C'est plus complexe à atteindre et à défendre.

Une économie en quête de nouveaux partenariats...

L'économie sociale ne va pas remplacer l'Etat ni les forces sociales et syndicales ! Si elle dispose d'une position autonome par rapport aux Etats et au monde capitalistique, elle ne peut raisonnablement restée seule pour défendre ses projets. Elle doit trouver des partenaires pour conduire des actions convergentes.

...Avec les syndicats...

L'économie sociale partage une histoire commune avec le monde syndical. Leur souci partagé de la lutte contre les inégalités, les exclusions ou le chômage, leur volonté de permettre à chacun de se tenir debout, en font des alliés privilégiés.

Les syndicats sont préoccupés par les transformations économiques et technocratiques en cours. Ils craignent leurs

8. Les Rencontres du Mont-Blanc sont organisées par des dirigeants de coopératives, mutuelles, associations et fondations de tous les continents. C'est devenu leur propre forum mondial.

conséquences sur les salariés et se demandent comment ils peuvent à la fois partager les fruits du « progrès » et se protéger de ses excès. Ils ne se contentent plus d'être en position de défense, mais entendent devenir une force de propositions. Ils s'intéressent à la façon dont ils peuvent réellement investir dans l'économie, au sens large, comme au Brésil où les syndicats réfléchissent à la promotion des systèmes mutualistes ou coopératifs. C'est, pour eux, une clef de développement face à la désyndicalisation et au chômage.

Il faudrait être aveugle pour ne pas observer qu'à travers l'ensemble de ses activités, l'économie sociale a une réponse.

Cela s'est constaté, notamment aux Etats-Unis, où les syndicats soutiennent le système de ESOP (Employee Stock Ownership Plan) qui consiste à faciliter la reprise d'entreprises par les salariés, avec des nuances par rapport à l'économie sociale mais dans un esprit partagé.

Des initiatives communes peuvent être également prises face à la réduction des services publics. En Europe, des mutuelles de prévoyance et de santé ont clairement affirmé qu'elles ne voulaient pas profiter du recul des services publics pour augmenter leur champ d'activités : c'est une position bien différente des entreprises capitalistes.

Quitte à le marteler, l'économie sociale n'est ni le ramasse miettes du système capitaliste ni celui des désengagements des Etats.

Dans le même esprit, les syndicats sont à la recherche d'un nouveau modèle de dialogue social. Il viserait à amplifier le rôle des salariés dans les processus décisionnaires. Même des syndicats d'origine communiste ont pris des positions, inimaginables il y a quelques années, sur l'engagement et le partage des responsabilités par les salariés. Ils sont conscients que l'économie sociale offre des garanties (essentiellement sur le principe 1 personne = 1 voix) qui ne seront jamais ouvertes dans l'entreprise capitalistique classique. Cela doit inspirer des projets communs. En Italie, sous Berlusconi, trois syndicats ont appelé l'économie sociale à répondre concrètement au recul effectif de la protection sociale en matière de santé.

Les syndicats doivent aussi s'interroger sur le fait qu'ils ont laissé gérer, par d'autres institutions financières capitalistiques, la part de salaire différé (épargne retraite, participation...). Ne serait-il pas logique que l'économie sociale et les syndicats se réapproprient, avec leurs règles, ce qui appartient aux salariés ?

Le fonds des travailleurs du Québec (FTBQ) et ceux créés en Suède par une mutuelle d'assurance[9] avec les syndicats ont très bien montré – ils ne sont pas les seuls – que le fait d'investir dans des entreprises respectueuses des principes d'économie sociale et de RSE n'empêche pas une rémunération correcte et sécurisée des retraites. Il n'y a aucune contradiction. A l'inverse, un certain nombre de fonds de pension traditionnels se sont effondrés parce qu'ils avaient servi des intérêts conséquents sans se préoccuper de durabilité et en prenant de tels risques, qu'au bout du compte, il n'y avait plus rien dans les caisses !

Comment nier, qu'au-delà de la stricte rentabilité, les retraités ne s'inquiètent pas de l'avenir professionnel de leurs enfants ? Si leur argent sert à délocaliser, à détruire les emplois et l'environnement, où est le bénéfice à moyen et long terme ? Investir dans l'économie sociale, c'est tenir compte du fait qu'elle crée, chaque année, un nombre tel d'emplois que le solde est largement positif depuis plus d'une décennie. C'est une heureuse constatation à l'échelle de la planète.

Ces aspects impliquent une importante réorientation des flux financiers.

Des alliances avec des mouvements de défense des droits des consommateurs sur la thématique de la répartition des excédents et des revenus sont à inventer pour une société plus citoyenne.

...Avec les Etats...

L'économie sociale a des relations anciennes et complexes avec les Etats qui l'ont, dans certains cas, soutenue sans discontinuer (secteur agricole et de la pêche...), dans d'autres cas ont puisé dans ses réalisations (santé, social...), dans d'autres encore l'ont tenu à l'écart (production industrielle...). Et encore, n'est-ce qu'un aperçu très résumé...

En Europe, peut-être est-ce en Suède qu'elle a été le plus un partenaire permanent naturel du « consensus ». Paradoxalement, en Allemagne où est prônée « l'économie sociale de marché », elle n'a pas trouvé toute sa place, la co-gestion lui ayant été préférée.

9. Folksam. In *The people's capital*, Per Ahlström, Euresa Institute, Suède, 2005.

Dans les pays émergents, notamment en Amérique du Sud, l'économie sociale est redécouverte. En Afrique, les coopératives agricoles et de crédit font l'objet de politiques de soutien dans plusieurs pays.

L'Etat n'a jamais été absent des conceptions de l'économie sociale hormis quelques expériences autarciques ou utopistes ! Si elle n'a pas toujours su mettre en œuvre de salutaires rapports de force avec lui, elle n'a jamais souhaité la « casse » des services publics. Elle se refuse toujours à se substituer à lui et encore plus d'en grignoter les missions, particulièrement sociales, éducatives, économiques, énergétiques... Elle reproche justement aux Etats de s'effacer devant les lobbys des multinationales capitalistes, voire de s'allier avec eux.

Il serait intéressant qu'elle précise mieux sa position particulière en cessant de se réfugier dans une neutralité polie ou dans des partenariats conventionnels.

Un exemple : les gouvernements progressistes cherchent à corriger les effets de l'amplitude croissante de l'échelle des revenus, mais cela vient après coup. Or, il serait nécessaire que l'équité se fasse le plus en amont possible. On est en droit de s'étonner que les responsables politiques y réfléchissent si peu. En mettant autour de la table les différents acteurs de l'entreprise, l'économie sociale, statutairement, impose une réflexion très en amont. Chacun, dans cette logique, a une double casquette : celle de son activité propre et celle de décideur. Il est donc possible de s'entendre très tôt et de manière démocratique.

Concrètement, dans une entreprise traditionnelle la préoccupation n° 1 est la rémunération des actionnaires. En économie sociale, l'impératif est de savoir comment mieux rémunérer les salariés et comment rendre les produits et services le plus accessible possible.

Il n'y a pas d'accord de branche propre à l'économie sociale, cela se passe donc dans chaque entreprise, au plus près des spécificités de chacune. L'économie sociale n'en a pas tiré toutes les conséquences. Elle doit conduire une réflexion approfondie, avec le monde politique, sur ces entreprises équitables et voir comment réduire l'écart des salaires. Ce qui, précisons-le, ne signifie pas un salaire égal pour tous, comme certains – de bonne foi ou pas – le pensent au sujet des coopératives, par exemple.

Dans la logique de l'économie sociale, il est possible d'éviter des textes législatifs lourds et autoritaires pour laisser aux partenaires de véritables marges de manœuvre et des capacités de décision, qui profitent à tout le monde. Si ce n'était pas déjà pratiqué avec succès au quotidien dans les entreprises à gouvernance partagée, ce serait révolutionnaire !

...Avec les collectivités locales...

L'économie sociale dispose de leviers d'action extrêmement puissants qu'elle utilise trop timidement.

Dans les pays en développement, au Brésil, en Argentine ou au Mali[10] par exemple, elle fait partie des préoccupations des Etats et des élus locaux. Ils s'intéressent aux formules coopératives parce qu'elles sont le fruit de projets portés par la population, garante de l'ancrage territorial des emplois.

Il en va de même en Europe : les mutuelles de Niort ont grandi mais elles sont restées à Niort. Les coopératives de Bologne ont grandi et elles sont restées à Bologne où elles assurent une stabilité et un développement aux territoires concernés.

Les collectivités locales se rendent bien compte qu'elles ont, face à elles, des associations, des mutuelles ou des coopératives qui partagent au moins deux points communs : la non-lucrativité et l'intérêt général. Il y a une compréhension, un partage des valeurs, qui, s'il ne suffit pas, joue un rôle déterminant, ou qui devrait l'être...

Le fait que ces entreprises soient inattaquables de l'extérieur, non assujetties aux délocalisations ou aux OPA intéresse les élus locaux.

Leur utilité doit conduire à l'édification d'un contrat républicain entre ces collectivités et les acteurs de l'économie sociale. Depuis longtemps, en fonction des pays, des co-traitances et des délégations de services publics sont à l'œuvre. Il faut les développer.

Certains pourraient opposer que cela n'offre aucune garantie contre un risque d'hégémonie locale. Mais les grands opérateurs capitalistiques en sont-ils exempts ? Dans le secteur de l'automobile, ils impulsent des projets de développement locaux (souvent avec l'éducation nationale) pour former leur futur personnel. Le « plus » de l'économie sociale réside dans

---

10. *L'économie sociale au nord et au sud*, Jacques Defonray, Patrick Delverte, Bénédicte Fonteneau, éd. de Boeck, Belgique, 1999.

son sens de l'intérêt général qui valorise plus la formation des citoyens que la formation d'une main-d'œuvre à un instant « T » pour répondre aux carnets de commandes.

Il importe désormais d'intensifier ces partenariats, à l'image du Québec où, de 1998 à 2002, les entreprises de l'économie sociale se sont développées créant 20 000 emplois[11].

Toujours au Québec, les coopératives ont imaginé des « chantiers ». Elles se réunissent entre elles sur un secteur géographique donné et prennent des engagements publics devant tous les citoyens.

En s'exprimant ensemble, elles ont acquis une force, une visibilité. Comme elles ne sont pas repliées sur elles-mêmes, elles sont audibles et ont pu créer des partenariats très opérationnels.

En Europe, des comités de liaisons de l'économie sociale se sont créés en France, en Espagne, en Grèce, en Suède, en Belgique ou en Italie, des confédérations existent. Elles se sont réunies au niveau national puis sur les territoires pour se faire reconnaître comme des partenaires des élus de terrain, créant ainsi une prise de conscience qu'une autre économie viable est possible, garante de l'intérêt général. Le développement local au sud (comme l'a montré un sommet de l'économie sociale au Sénégal organisé par le RIPESS récemment[12]) comme au nord s'appuie sur les coopératives, les mutuelles et les associations. Des réseaux d'actions communes/économie sociale se créent.

Quelque chose se dessine en France avec les Chambres de l'économie sociale régionalisées qui se positionnent face au politique. C'est un tremplin incontestable pour l'avenir.

...Avec les organisations internationales

L'approche RSE prônée par le Global Compact (intra : p. 26) constitue une sorte de redécouverte, largement involontaire, des principes de l'économie sociale. Le Programme des

---

11. Cf. Les travaux des « Chantiers de l'économie sociale » au Québec, notamment ceux de novembre 2006.
12. Le RIPESS est un réseau international fondé à l'initiative de chercheurs et universitaires africains et québecois voulant soutenir le développement de l'économie sociale et solidaire. Il organise des sommets, comme à Dakar en 2005, qui rassemble théoriciens et acteurs de terrain.

Nations Unies pour le Développement (PNUD[13]) a, avec ses indices de développement humain appliqués aux Etats, ouvert, lui aussi, une voie. Il s'agit de desserrer l'étau financier au profit de l'activité économique, sociale, civique et environnementale.

Cet exercice entraîne une autre vision de l'économie plus orientée vers la notion d'utilité que sur celle de rendement : les outils de mesures et la comptabilité étant mises au service du couple société-économie et à celui de la seule économie. L'accumulation attendue n'est plus celle des profits, des marchandises ou des services mais celle de possibilités universelles d'accès à un niveau digne de développement humain. Ce qui oblige à déplacer un peu la focale...

Les entreprises de l'économie sociale peuvent ainsi jouer un rôle régulateur même si elles ne sauraient, à elles seules, alimenter un tel retournement de situation. Elles pourraient toutefois en être le ferment, pour peu qu'Etats et organisations internationales veuillent bien s'intéresser à leurs pratiques et constater qu'un développement sociétal durable est concrètement possible. Rêve ou réalité ? L'occasion pragmatique de dépasser l'insuffisance des correctifs apportés au capitalisme existe bel et bien pour aller vers un ou des systèmes (nul besoin d'uniformité) socialement, écologiquement et civiquement enrichis.

...Avec les universités...

Si elle veut évoluer et être offensive, l'économie sociale doit s'impliquer dans le monde de la recherche et de l'université.

Elle doit aller chercher des universitaires et des chercheurs éloignés d'elle pour se confronter à d'autres modes de pensées intellectuels et à la critique.

Longtemps ghettoïsée par le système universitaire, elle commence à se révolter, à proposer des diplômes spécifiques. Le lien entre recherche et économie sociale est encore trop ténu alors que ce secteur offre aux chercheurs un terreau et des moyens d'externalisation et de développement de leur projet.

13. Rapport 2007 des Nations Unies, « Objectifs du millénaire pour le développement ».

Sur le plan strictement économique, il n'y a pas d'« école » de l'économie sociale à proprement parler même si elle a surgi dans certains travaux. L'Américain Jérémy Rifkin[14] en a traité largement dans ses ouvrages.

Si elle commence à émerger, ici ou là, sous son propre nom ou de manière approchée, elle doit, pour se construire, se frotter aux penseurs, aux universitaires, aux chercheurs. Des réseaux internationaux se sont d'ailleurs créés ces dernières années : RIPESS, Université Coopérative Européenne, CIRIEC[15]... C'est une révolution copernicienne pour elle mais aussi un comble puisqu'elle est née des réflexions de philosophes, d'utopistes, de praticiens ! En vivant cachés, les intellectuels se sont éloignés d'elle et il faut maintenant leur ouvrir grand les portes.

...Avec le monde culturel

La création d'un couple économie sociale – mouvements culturels apparaît déterminante si la première veut renforcer et affiner son identité, alimenter et diffuser ses projets, le respect des valeurs et des cultures. L'idée de faire de l'économie sociale un vecteur de cohabitation et de créativité culturelle est un autre objectif. L'économie sociale doit donc cesser de se reposer à l'abri de sa timidité et de ses complexes pour se rapprocher de celles et ceux qui bougent en son propre sein, mais aussi des entités internationales. Parmi elles, les organisations non gouvernementales dont l'activisme et l'influence sont indissociables et qui – paradoxalement peut-être – sont parfois attirées par des compromis avec des multinationales capitalistes qui ont compris leur capacité à se faire entendre et à mobiliser des acteurs déterminés.

La transnationalité des ONG et des syndicats est déjà établie, ou commence à l'être, l'économie sociale doit donc cesser d'être naïve et immobile et agir avec ses partenaires naturels.

14. *La fin du travail*, 1997 et *L'âge de l'accès*, 2000, La découverte, France.
15. Centre International de Recherches et d'Informations sur l'Economie publique, sociale et coopérative.

Une économie en avance

Depuis ses origines, l'économie sociale a fait preuve d'imagination pour développer la solidarité, l'accès aux services et aux biens. Va-t-elle désormais seulement gérer et prolonger ses inventions ? N'est-elle plus qu'un gestionnaire de ses propres réalisations ? Peut-elle apporter des solutions neuves pour répondre aux urgences de l'heure : faire reculer la pauvreté, offrir un habitat digne aux habitants de la planète, rendre accessibles la nourriture et les médicaments ? Comment peut-elle donner la faculté aux acteurs locaux de s'organiser eux-mêmes et de bâtir une économie sociale adaptée à leurs besoins et à leur culture ?

L'économie sociale n'entend pas monopoliser tous les secteurs d'activité, ce serait soviétique et irait contre ses propres principes ! Cependant, elle doit démontrer qu'elle est meilleure que les autres. Elle doit abandonner sa vision de la société par tranche et en avoir une vue globale sinon son message sera amoindri. Elle doit avoir une vision sociétale car ses principes sont de nature sociétale.

De la même manière, se croyant plus riche qu'elle ne l'est, elle a multiplié les concepts, cherché 50 formes de définitions et a fini par ne plus être entendue, par devenir absolument inaudible. Certes, elle n'a pas disparu comme on le lui prédit depuis cinquante ans mais faut-il, pour autant, qu'elle s'endorme sur ses lauriers ?

Elle se doit de mettre en application pratiquement et énergiquement ses valeurs et les élargir à de nouveaux champs pour contribuer au développement humain. Elle doit démontrer son utilité au regard de ses propres principes et inventer à partir de là en débordant du seul discours qu'elle s'autorise à tenir : celui sur l'économie. Si elle veut retrouver sa sociétalité, où va-t-elle agir prioritairement demain ? De quel sujet va-t-elle se saisir ? Quels mécanismes va-t-elle mettre en place pour mieux entendre les attentes citoyennes ?

Il y a fort à parier qu'en se libérant d'elle-même, l'économie sociale accouchera de nouveaux projets, portera de nouvelles innovations. Certes, elle a, là, devant elle, un chantier énorme mais son histoire témoigne de sa capacité à rebondir au bénéfice de la société toute entière.

A elle seule, elle ne pourra pas régler toutes les questions centrales qui se posent à l'humanité, c'est certain, mais sans doute est-elle en mesure d'apporter sa pierre à l'édifice d'une économie au service des Hommes et non au service de la financiarisation du monde.

Il est possible de penser l'espace global et les phénomènes de mondialisation avec un esprit neuf en écartant la croyance que tout est dit et fixé, comme si la mondialisation était un purgatoire qui vaudrait mieux que l'enfer.

En desserrant des contraintes qui n'ont rien de naturel, en redonnant place à l'imagination et à l'innovation, l'économie sociale peut relever ce défi. Tant pis si cela est dénoncé comme hors de propos et excessif : rien n'oblige à se contenter d'habitudes et d'ordres soi-disant établis. N'est-ce pas l'aurore des possibles ?

Quelques pistes, des signaux et quelques espoirs surgissent en ce début de XXIe siècle pour l'avènement d'une économie sociale rénovée.

En terme de visibilité

L'économie sociale doit mieux identifier ses actions et ses résultats puisque celles-ci ne sont pas prises en compte dans le cadre restreint des mécanismes actuels de cotation et de notation. Elle doit être plus facile à appréhender tant par les institutions publiques que par les citoyens. Depuis une trentaine d'années, elle s'est donné des outils d'expression parmi lesquels on peut noter « les chantiers de l'économie sociale » au Québec, le Comité National de Liaison des Activités Mutualistes, coopératives et associatives (devenu CEGES[16]) en France et ses équivalents en Espagne (CEPES[17]) ou au Japon[18].

16. Conseil des Entreprises, Employeurs et Groupements de l'Economie sociale.
17. Confederacion Empresarial Espanola de la Economia Social.
18. Un comité de liaison vient d'y être créé.

A l'échelle planétaire, l'Alliance Coopérative Internationale a su également trouvé sa place pour se faire entendre des Etats qui s'opposent au développement coopératif par exemple.

Reste, qu'à l'image du système capitaliste, elle doit additionner ses forces plutôt que souligner les nuances de ses composantes et ne doit pas craindre de combiner lobbying et opérationnalité.

De ce point de vue, l'initiative suggérée par le secrétaire d'Etat brésilien Paolo Singer lors des Rencontres du Mont-Blanc de créer un Observatoire International des Réalisations de l'Economie Sociale constitue une piste très originale. En cours de constitution, il sera chargé d'étudier les réalisations concrètes de l'économie sociale sur tous les continents (qu'elles soient ou non des réussites) afin de permettre aux dirigeants du secteur ainsi qu'aux responsables politiques, syndicaux, sociaux, d'agir en conséquence pour en améliorer leurs pratiques. Pour renforcer ou créer des partenariats, l'OIRES rendra publics ses travaux.

En France, l'observatoire s'appuie sur la fondation Maison des Sciences de l'Homme, sur des réseaux internationaux d'universitaires et de chercheurs, avec la participation de praticiens de l'économie sociale.

Cela passe aussi par une simplification lexicale pour regrouper l'ensemble des familles qui se reconnaissent dans les principes et pratiques de l'économie sociale pourvus qu'ils en respectent les valeurs fondatrices : démocratie, juste répartition des richesses, propriété commune. Ensemble, ils devront créer des signes et symboles leur permettant d'être reconnus (et connus) à travers le monde : une manière d'afficher d'autres modes de fonctionnement économique, d'autres pratiques sociales, d'autres finalités. Au-delà, c'est à un véritable corpus de droit international de l'économie sociale qu'il faut penser. Il est temps, en tout cas, que l'économie sociale « en avance » ait aussi une « image d'avance » !

En terme de « projet collectif porté par la coopération des acteurs »

L'entreprise d'économie sociale a une vision différente de l'entreprise traditionnelle car l'alpha et l'oméga ne résident pas dans le capital financier. Ceci n'est pas une simple nuance : il y a, dans l'entreprise d'économie sociale, un désir de réalisation d'un projet qui prime ou se substitue à la notion de désir de rentabilisation financière.

La motivation est donc différente même s'il est indéniable que des entrepreneurs traditionnels ont aussi, parfois, le désir de mettre en œuvre un projet. Mais ces derniers se soumettent à un autre objectif qui peut devenir contraignant voire contradictoire, nous l'avons vu : la maximisation du profit...surtout du profit immédiat !

Si la prédominance du capital est aujourd'hui encore au cœur des projets économiques, l'apport en intelligence humaine prend une nouvelle dimension depuis la fin du XXe- siècle. La capacité d'innovation, de recherche et de développement est mieux prise en compte.

Même dans l'univers capitaliste, on reconnaît que les entreprises sont constituées des apports humains et pas seulement financiers. D'où la recherche d'un nouveau dialogue, d'un nouvel équilibre.

Cela passe par la coopération des intelligences que certains appellent la « coopération entre les cerveaux » ou d'autres la montée en puissance du « capital humain ». Projet et capital humain sont ainsi deux bras d'une économie des idées et des intelligences pour le XXIe siècle.

Il est temps que l'économie sociale en prenne radicalement conscience et en tire les conséquences en mettant mieux en adéquation son originalité et ses ambitions. Imaginer et être le fer de lance d'une nouvelle économie durable exige d'aller au bout de ses propres principes et règles, qui dans le contexte actuel sont extrêmement modernes.

Ainsi donc, le projet doit-il être sans cesse convoqué par les partenaires du monde économique. L'évaluation des projets mais plus largement de l'entreprise, y compris son fonctionnement démocratique, est indispensable à l'entretien de la dynamique. Cette évaluation doit corollairement porter sur la créativité de l'entreprise, tant en ce qui concerne son offre que son fonctionnement. De ce point de vue, c'est à une totale refondation de l'entreprise qu'invite l'économie sociale.

Imaginer l'entreprise démocratique de demain passe par la création de liens entre les différents partenaires sans les enfermer dans leur étiquette réciproque de salarié, consommateur, actionnaire, fournisseur mais en les transformant en alliés pour défendre une « efficacité plurielle » qui ne se limiterait pas à l'approche financière.

Si l'on veut être logique, il faut une équité dans la répartition des dividendes entre tous ceux qui apportent quelque chose à l'entreprise, quel que soit ce qu'ils apportent : matériels ou financiers et « intelligence ». L'avenir est dans les entreprises à exercice partagé des responsabilités. Et, de ce point de vue, l'économie sociale est en avance sur les autres : elle dispose du savoir-faire et elle doit le faire savoir...c'est une des conditions de sa réussite.

En terme de « propriété commune » contre la « propriété divisée »

Cette coopération nouvelle, cette efficacité plurielle dans l'intérêt de tous les participants à l'entreprise, s'oppose à la course au « millefeuille financier » qui n'est que l'accumulation d'actions où chacun joue dans son intérêt propre au gré des marchés.

L'économie sociale ne rejette évidemment pas la propriété privée mais elle pense, qu'au profit de la société tout entière, la propriété commune est plus efficace que la propriété divisée ou totalement individualisée.

C'est une conception sociale, économique et juridique originale qui accouche d'un système de pouvoir partagé et d'une gestion à caractère collectif des activités.

Il ne s'agit ni de capitalisme ni de collectivisme, mais d'une alternative qui oblige à analyser autrement la valeur de l'entreprise car elle ne peut être ni vendue ni échangée, par petits ou grands morceaux, selon les règles (et les habitudes) financières classiques. Elle a l'avantage d'exclure toute appropriation étatique.

Elles offrent, au contraire, des possibilités de transmissibilité fluide entre partenaires, y compris entre les générations, et sont donc moins sensibles aux diktats extérieurs, particulièrement financiers. Elles peuvent affronter de manière plus pacifiée leurs concurrents car elles ne risquent pas qu'ils les dévorent (OPA, par exemple).

Cette notion de propriété commune est déjà à l'œuvre grâce aux inventeurs de logiciels libres dont il faut se réjouir qu'ils aient redécouvert et rajeuni l'économie sociale en donnant naissance à une version « new look » conforme à plusieurs de ses principes fondateurs. Ils ont mis en lumière et en pratique qu'un autre système de propriété est possible, surtout en matière de création et de diffusion des produits et services et en faisant sauter, au passage, quelques verrous du capitalisme.

Cette irruption des partisans d'un nouveau type de propriété largement diffusable bouleverse les données traditionnelles des marchés, des modes de valorisation et de monétarisation. Elle chamboule également le domaine du droit de propriété intellectuelle et celui des brevets. Ce qui est innovant voire révolutionnaire c'est que les « libres » ont prouvé que production, même innovante, et appropriation égoïste étaient dissociables. Ils rejoignent ainsi les fondateurs de l'économie sociale...

Ce qui est ainsi proposé, c'est de revoir les règles du jeu et, en établissant de nouvelles, de redistribuer les rôles de façon pacifique, réduisant le poids de la finance au profit des savoirs et de la collectivité humaine.

Des alliances entre les diverses formes d'économie sociale pourraient bousculer la donne dans ce sens, notamment dans les NTIC aujourd'hui occupées par les grandes entreprises capitalistiques friandes d'étendre leur espace publicitaire mais aussi dans le secteur des énergies nouvelles que de grands opérateurs traditionnels cherchent à contrôler.

Ce passage à des formes de propriété communes, utilisables par toutes et tous du nord au sud, pourrait également concerner l'ensemble des activités marchandes.

Progresser dans cette direction nécessite de s'interroger sur les évolutions des modes d'échanges, les modes de paiement, le rôle de la monnaie. Les systèmes libres ébranlent déjà les vieilles certitudes et obligent à s'interroger sur les modes d'échanges et de paiement mais aussi sur la monnaie. La question est notamment de savoir comment ramener l'économie à sa juste place en la restituant à la société et non en la laissant entre les mains de « vendeurs puissants et persuasifs » (J.K. Galbraith[19]) !

D'une manière plus générale, l'économie sociale démontre qu'il n'y a pas de fatalité aux affrontements, aux dégâts sociaux, économiques et industriels causés par les rapports de force financiers.

Elle affirme et prouve, sans être pour autant ingénue, qu'un autre système de propriété peut entraîner un autre rapport

19. *Les nouveaux mensonges du capitalisme* in Comprendre le capitalisme, JK Galbraith, le nouvel observateur, mai-juin 2007. France.

entre l'entreprise et ses acteurs, y compris – et d'abord – les salariés et consommateurs.

Dans sa pratique, quelle que soit l'échelle de l'entreprise, l'économie sociale témoigne qu'il est possible d'éviter le rapport de force pour établir des relations plus équitables. Mais, un des enjeux réside dans la traduction juridique de la spécificité du statut de sociétaire ou de coopérateur afin de mieux consacrer sa position de co-acteur. Chemin délicat à parcourir car il faut concilier protection sociale et partage des résultats comme des responsabilités. Le jeu en vaut la chandelle si l'on veut aboutir à un modèle plus cohérent d'entreprise à gouvernance partagée.

Il appartient à l'économie sociale de dire ce que cela entraîne en matière de relations contractuelles entre les acteurs. Quelle est réellement, par exemple, sa conception du marché du travail ? Est-ce précisément un marché ? Quelles solutions préconise-t-elle pour modifier le rapport entre les différents partenaires de l'entreprise ? Prévoit-elle un aménagement du salariat ou propose-t-elle d'aller jusqu'au bout du principe de la double-qualité : coopérateur-travailleur ou sociétaire-usager ?

Les acteurs de l'économie sociale ne pourront rester éternellement à cheval sur plusieurs systèmes : le principe de la juste répartition des excédents adossés à ceux de la démocratie et de la propriété commune les encourage à avoir une vision particulière de l'efficacité de l'entreprise, de sa capacité à dégager des excédents et à les utiliser.

La productivité, y compris dans les secteurs ultra-concurrentiels, ne peut être exactement de même nature que celle recherchée dans une entreprise classique. Elle ne peut pas être obtenue au détriment d'un groupe d'acteurs plutôt qu'un autre, au détriment des salariés au profit d'actionnaires, comme dans le système capitaliste.

En terme de réponse au couple infernal : nationalisation-privatisation

Le passage du public au privé est un vieux « remède » longtemps (et encore) prôné par le Fonds Monétaire International face aux insuffisances voire aux maladies des pays en voie de développement, mais il reste à la mode dans d'autres régions du globe. Joseph Stiglitz[20] en a dénoncé les défauts économiques, sociaux et politiques.

Or, rien n'oblige à livrer au secteur privé de type capitalistique et financier, des entreprises ou des pans entiers d'entreprises qui seront souvent non seulement absorbés mais restructurés, dépecés et vidés d'une partie de leurs activités et de leur personnel. Un « pillage des « actifs[21] » accompagne généralement le mouvement.

L'économie sociale offre une autre voie : celle de la reprise des activités sous forme participative, coopérative ou mutualiste, évitant le glissement inutile et brutal du public au privé traditionnel. Non pas pour aménager ce qui ne serait qu'une transition, mais pour garantir une conception à plus long terme de ces activités. Cela suppose une vision avancée, innovante, des stratégies des organisations internationales, comme le FMI ou la Banque mondiale, et des Etats pour adapter leur stratégies en conséquence, particulièrement dans les secteurs sensibles (finances, énergie...).

En terme d'approche globale des richesses créées

Les excédents dégagés doivent donc l'être de façon équitable et conjointe, ce qui amène les dirigeants à discuter autrement des moyens d'obtenir les meilleurs résultats. Ces résultats ne peuvent être uniquement économiques et financiers, ils doivent être aussi sociaux, civiques et environnementaux. L'économie sociale doit donc inventer ses propres méthodes et références. Elle a commencé à le faire en créant un outil capable de mesurer l'apport d'une entreprise en matière sociale, civique ou environnementale grâce à une analyse croisée des appréciations portées par tous les partenaires. Ce « bilan sociétal » a été mis au point par le CJDES[22] en France et par des coopératives et mutuelles en Italie et au Royaume-Uni. Il reste à le diffuser plus largement.

---

20. *La grande désillusion*, Fayard, 2002.
21. En France, à deux reprises, l'Etat a choisie l'économie sociale au lieu de la privatisation classique dans les domaines bancaires (reprise du CIC par le Crédit Mutuel) et de l'assurance (reprise du GAN par Groupama).
22. Centre des Jeunes dirigeants et des acteurs de l'économie sociale.

Le Bilan Sociétal

Imaginé par le Centre des Jeunes Dirigeants et des Acteurs de l'Economie Sociale, le Bilan Sociétal est une réponse offerte aux entreprises soucieuses d'examiner leur relation à la société :
- en intégrant les attentes des consommateurs,
- en tenant compte des indices autres que financiers,
- en confrontant leur comportement à leurs valeurs.

Neuf domaines d'information sont examinés à travers 15 critères d'appréciation pour dépasser les notions de « notation » ou de certification et permettant un suivi des engagements pris par l'entreprise et ses partenaires. Plusieurs entités d'économie sociale ont déjà mis en place ce Bilan Sociétal.

www.cjdes.org

L'économie sociale, en appliquant plus que jamais ses propres principes, peut renouer avec une phase ascendante de développement.

Il y a des pistes à explorer dans les secteurs de la santé, de l'habitat ou de la communication. Les réponses peuvent varier d'un bout à l'autre du globe, mais l'essentiel est d'agir là où elle peut permettre d'apporter plus de stabilité et de justice sociale, là ou elle peut rendre « l'âge de l'accès » plus réel selon les termes de J. Rifkin.

Cet objectif est affiché par des partisans sincères et expérimentés du capitalisme (comme G. Soros) qui estiment que la déconnexion entre l'économie réelle et l'économie financiarisée est devenue insupportable et immaîtrisable. Des mesures correctives sont d'ailleurs proposées et parfois mises en œuvre de façon à ralentir la course au rendement, à amortir les jeux boursiers, etc. Pour autant la logique capitaliste demeure. Le principe de marche en avant décrit dans la première partie laisse penser que le capitalisme a prévu de se sauver par lui-même, y compris en se disciplinant voire en mutant, ce qui a souvent réussi, mais avec son idéologie inamovible et exclusive du rendement financier. Sans actionnaire, l'économie sociale n'a ni les mêmes contraintes ni les mêmes facilités que l'économie capitaliste. Il lui faut toujours mieux valoriser le capital humain, le capital « connaissances », mieux identifier et valoriser ces apports immatériels et du même coup sortir des schémas économiques et financiers traditionnels. Elle doit d'autant plus le faire que les Etats, comme le monde capitaliste, s'intéressent vivement à cette question. Les modes d'évaluation et les baromètres mesurant la santé des entreprises et des collectivités vont s'en trouver profondément modifiés.

Elle devra – entre autres innovations – mettre en avant ce que les cabinets d'audit internationaux appellent déjà le « trésor caché de l'entreprise » : capital humain, capital partenaire, capital organisationnel, auquel il serait possible d'ajouter capital participatif, capital démocratique, capital sociétal... Toutes ces notions sont, pour paraphraser A. Gorz[23] à propos du capital cognitif, contradictoires avec le capitalisme. Comme si leur apparition obligeait à dépasser celui-ci pour aller vers de nouvelles formes d'économie.

L'évaluation de ces entreprises ne peut être filtrée par une bourse dont les critères demeurent résolument financiers. D'autres baromètres sont nécessaires, d'autres modalités d'échanges que les actions ou leurs dérivés devront être élaborées.

L'application de cette idée aura des conséquences multiples. Au début des années 1980, différents Etats européens avaient mis en place des titres adaptés à l'économie sociale, cousins des obligations : le Genubscheine allemand, le titre participatif français, etc. Ces titres hybrides n'ont pas rencontré le succès escompté, mais ils reflétaient une volonté de décloisonner l'économie sociale sans violer ses principes fondamentaux ni remettre en cause le principe 1 personne = 1 voix.

Comment aujourd'hui aller plus loin ? En inventant des titres d'échanges valorisés en fonction des résultats sociétaux et économiques de l'entreprise ? En invitant les banques et institutions de capital-risques d'économie sociale à durcir en ce sens leurs critères de financement ? En préconisant des opérations de coopérations transversales entre coopératives, mutuelles et associations leur permettant de se « marier » dans le respect de leurs principes communs ? Plusieurs pistes sont ainsi exploitables.

Elles sont autant d'occasions de dialogue entre partenaires et avec les autres formes d'économie, dont une partie est tentée de promouvoir des objectifs convergents. Et aussi de réflexion sur la façon dont les Etats et les organisations inter-

23. A. Gorz : *L'immatériel*, Ed.Galillée, France 2003 et Michel Husson in « Notes sur le capitalisme cognitif », Ed. Contretemps n° 18, France 2007. Voir aussi, *Le capitalisme cognitif* de Yann Moulier Boutang, Ed. Amsterdam, 2007.

nationales apprécient la plus-value réelle de toute activité humaine...y compris la leur !

Le principe initial de juste répartition des excédents a constamment relancé le débat sur l'équité entre partenaires internes d'une organisation ou d'une entreprise et l'équité entre celles-ci. Il ne s'agit pas de s'interroger sur la seule répartition des excédents mais la répartition de l'ensemble des richesses comme la répartition des temps d'activités et donc du travail (et des moyens afférents) rémunéré mais aussi bénévole.

L'économie sociale a, d'elle-même, procédé à cette extension du principe initial. Les coopératives de production, agricole ou industrielle, ont une façon propre d'organiser le travail, les moyens matériels (terre, instruments...) et le partage plus juste des résultats obtenus pour faire face aux risques naturels, économiques et sociaux.

Sans doute faudrait-il s'interroger sur une actualisation plus complète de son application, faire le lien avec une appréciation plus fine des richesses créées et des problèmes de répartition engendrés. Mais il y a là une source de réponses aux problématiques de la redistribution. Beau sujet de réflexion et d'action, là encore, pour les Etats et organisations internationales qui auront quelques conséquences à en tirer !

En terme d'économie de l'équité

Les équilibres à trouver entre les partenaires ont un but : la recherche de l'équité, d'une relation gagnant-gagnant plutôt que du gagnant-obligé. Une illustration concrète témoigne des attentes citoyennes à ce propos : la croissance du commerce équitable. Avec ses promoteurs, rénovateurs de l'économie sociale au même titre que les concepteurs de logiciels libres, le monde redécouvre que l'équité peut s'appliquer à travers les frontières de façon transactive du producteur au consommateur en passant par les distributeurs. Certes nous n'en sommes qu'au début et ces échanges ne représentent qu'une part modeste du commerce international cela prouve que l'on peut aller vers « des échanges et un commerce mondial plus juste » selon l'expression de J. Stiglitz sans attendre les encouragements ou un quelconque feu vert d'organisations internationales.

Les promoteurs du commerce équitable rejettent, eux aussi, la croyance en un monde fatalement asymétrique. Ils ont intégré que le prix payé au producteur devait correspondre à un prix accessible pour le consommateur, que la chaîne d'échanges devait répondre à des critères de transparence et responsabilité, de respect des conditions de travail dignes, comme de l'environnement.

Si, en 2005, seulement 1 500 000 producteurs semblaient concernés dans le monde (surtout de petits artisans et agriculteurs), la faculté d'aller vers un autre mode d'échanges, vers une organisation transnationale du commerce plus équilibrée n'apparaît plus comme une utopie.

En soutenant ces filières, l'économie sociale peut appeler les Etats et les organisations régionales ou l'Organisation Mondiale du Commerce (OMC) à intégrer, dans leurs discussions et accords, cette nouvelle donne. Elle peut constituer le socle d'un possible changement du concept de libre échangisme dans les relations commerciales internationales.

Dans le même esprit, l'économie sociale pourrait contribuer à ce que l'Accord Général sur les Commerce des Services (AGCS) ne devienne pas une machine à affaiblir, voire à détourner, les services d'intérêt général. L'enjeu est d'autant plus important que des secteurs comme la santé et l'enseignement risquent d'être touchés (et coulés !) par un tel accord. Ses efforts doivent porter sur la reconnaissance par les institutions planétaires de « secteurs d'utilité sociale prioritaires » et qu'ils soient d'abord ouverts à des organisations non lucratives comme à des collectivités publiques.

La libéralisation des échanges pouvant être non pas étroitement conçue comme une levée d'obstacles ou entraves à la concurrence, mais comme une occasion d'encourager les échanges entre entités, entreprises non lucratives, équitables, également d'ailleurs entre entreprises publiques.

En termes de champs d'actions civils et cognitifs

L'économie sociale étant née « civile », elle ne cesse de percevoir les nouvelles attentes de celles et ceux qui la font. Ce n'est pas un hasard si elle a inventé une multitude d'outils, d'actions et de services à dimension très sociale. De la mutualisation des risques liés à la santé aux services apportés à la personne au nord et communautaires au sud. Innovant de façon constante, changeant la donne sociétale, c'est une pépinière d'innovation sociale dont l'efficacité dure déjà depuis fort longtemps. Elle peut donc poursuivre son chemin ultra-créatif en continuant à rendre sa propre formule la plus accessible, la plus populaire possible. Avec cette faculté d'anticipation civile et sociale qui la caractérise mêlée à sa capacité à être aussi une médiatrice, faiseuse de liens sociaux. On en comprend l'importance dans un monde où les cellules sociales traditionnelles sont mises à mal sur tous les points du globe quelles qu'en soient les très diverses raisons. Cette vertu a forcément des conséquences tant en matière de production que d'échanges de produits et services.

Mais elle est née aussi de celles et ceux qui avaient des connaissances de toutes sortes, y compris technologiques. Sans doute est-ce pour cela qu'elle a percé aussi bien dans les secteurs traditionnels (agriculture, pêche...), que dans d'autres, plus sophistiqués, comme celui des services financiers. L'économie sociale y prenant des places étonnamment importantes.

Cette double capacité de l'économie sociale a donné naissance à des activités innovantes de proximité.

Il va lui falloir pousser plus loin son avantage y compris dans des terrains soit en ébullition comme celui des nouveaux modes de communication, soit en émergence comme celui des maisons ou des villes intelligentes ou encore en redéploiement comme celui concernant les reconquêtes écologiques...

Nouvelle sociétalité contre mal-croissance

Les différentes pistes tracées tendent à montrer que les apports de l'économie sociale ne sont pas réductibles à une conception originale des seules entreprises. Ses principes sont largement applicables à l'ensemble des activités humaines et à leur organisation. Elles doivent inspirer celles et ceux qui discutent puis fixent les règles nationales ou internationales. Faut-il y voir un débordement ? Non, l'économie sociale est forte de sa civilité. Ses origines, ses pratiques et sa philosophie en témoignent. Mais, elle rompt avec succès avec la fable selon laquelle seules les organisations privées capitalistes ou celles administrées seraient en capacité de structurer et d'alimenter la mondialisation politiquement et économiquement.

Cette civilité est un plus dans un siècle où hommes et femmes refusent de s'aligner sur des systèmes (et des oukases) et réclament le droit d'agir le plus directement possible, refusant donc d'être en état de dépendance. L'économie sociale est aussi en avance : elle donne à chacune et chacun un droit à l'action, en tout lieu et en toutes circonstances sur n'importe quel point du globe.

C'est un facteur de démocratie autant que d'intégration et c'est aussi une chance offerte aux citoyens d'évaluer et de conceptualiser eux-mêmes leurs besoins et les réponses à y apporter, de bousculer ordres et références établis et, notamment, de réfléchir aux richesses réelles, tangibles, accessibles qu'ils veulent créer et répartir et donc aux conditions de leur production. Les dégâts du progrès, les désordres financiers et économiques, les inégalités sociales, les désastres climatiques et environnementaux ont provoqué des cris d'alerte et de colères pour stopper ces dérives. Se sont ainsi affrontés partisans d'une décroissance libératrice de tous ces maux et promoteurs d'une croissance (PIB) à relancer pour mieux, disent-ils, la partager.

Les premiers critiquent la production de biens et services à tout va peu respectueuse de ceux auxquels elle s'adresse et encore moins de l'écosystème. Dès 1972, le Club de Rome avait vigoureusement mis en lumière les dangers d'une croissance forte, sur-consommatrice d'énergie et polluante, surexploitant les terres et l'eau, liée de surcroît à des inégalités persistantes sur le globe. Le rapport du Massachuset Institut of Technology (MIT) commandé par le Club de Rome se préoccupait en même temps de la croissance démographique mondiale, prévoyant des dérives particulièrement préoccupantes. Ainsi naîtra le mythe de la « croissance zéro ».

D'autres thèses cousines lui succèderont : celles de la décroissance proprement dit, celle de l'a-croissance ou non-croissance. Ou comment produire moins mais mieux diffuser les (bonnes) richesses créées ? Les partisans de la décroissance estiment que la production de biens et de services marchands s'accompagne de coûts négatifs élevés : en termes de raréfaction ou de dégradation de l'eau, de l'air, de l'environnement, d'atteinte à la biodiversité, d'élévation des prix des énergies et même de l'accès aux espaces verts[24]. A quoi s'ajoute le creusement des inégalités entre sud et nord, comme au sein même des pays du nord. Loin d'être le chemin de l'austérité, la décroissance serait celui du bien-être.

24. Serge Latouche, *La déraison de la raison économique*, Albin Michel, 2001 et *Le pari de la décroissance*, Fayard, 2007, France.

Quant aux tenants de la croissance, leur opinion est à peu près inverse : il faut produire toujours plus pour avoir plus à répartir, même si des correctifs doivent être apportés aux excès du productivisme. Comment, soulignent-ils, mettre en cause la croissance économique indispensable aux pays en voie de développement qui n'ont que faire d'un ralentissement de leurs productions ? Comment, disent-ils, pourraient faire autrement le Brésil, l'Inde, la Chine ou la Corée du Sud ? Comment feront autrement demain d'autres pays en Afrique ou en Asie ? Ils ne voient pas de raison, non plus, de brider la croissance des pays développés car ils jouent, selon eux, un rôle moteur.

En sommes-nous réduits à ces deux options ?

Pour l'économie sociale, les progrès, y compris technologiques, doivent être maîtrisés et rationalisés. Il ne s'agit en aucune façon de les brider, bien au contraire, mais de les mettre au service, avant tout, des besoins sociaux. Que ce soit dans les pays développés, où ils sont parfois à l'origine d'une course au suréquipement, ou dans les pays en voie de développement, où leur accessibilité doit être mieux prévue. L'économie sociale a donc tendance à privilégier une sociétalisation des innovations dans le double sens d'une meilleure utilisation et d'une plus juste diffusion. Elle pèse donc dans le sens d'une gestion plus appropriée des ressources technologiques ou biotechnologiques, notamment. Elle peut prétendre jouer un rôle, là encore, régulateur.

Une autre perspective s'ouvre avec le concept du développement durable qui rend, d'une certaine façon, hommage à la décroissance sans se contenter de rejeter la croissance. Approche « diplomatique » de la question, diront certains. Peut-être, mais elle a permis de sensibiliser acteurs privés et publics même s'ils n'ont pas toujours voulu en tirer toutes les conséquences effectives. Bien avant l'émergence de cette idée, Ignacy Sachs avait posé le concept d'éco-développement et il défend aujourd'hui celui de « développement intégratif » et de « croissance pluridimensionnelle »[25]. Il préconise d'assurer un développement cohérent ayant pour objectifs les progrès sociaux humains, conditionnés par le respect de l'environne-

25. *Stratégies de l'éco-développement*, Ignacy Sachs, Ed. Ouvrières, 1980. *L'éco-développement* et *Stratégie de transition vers le 21e siècle*, Syros, 1993 et 1996. *La troisième rive* (Bourin, 2008). Voir aussi une interview par l'institut d'urbanisme de Paris 12 Val-de-Marne, Juin 1998.

ment. En un mot faire que l'économie redevienne un moyen et non une fin. Car l'enjeu, aujourd'hui, est bien d'assurer aux individus et aux collectivités un accès aux biens et services, d'abord de base, y compris innovants (communication) compatible avec une gestion respectueuse du capital naturel, de garantir une intégration de toutes et de tous dans la société dans une optique de solidarité et d'équité. Objectifs qui ressemblent fort à ceux de l'économie sociale. La République coopérative n'a-t-elle pas imaginée, au XIXe siècle, de donner accès aux produits et services (d'abord de première nécessité), d'assurer une solidarité entre les membres et de permettre leur intégration à la société. C'était déjà le pari d'un développement correspondant à de vrais besoins, d'un développement voulu.

Aujourd'hui, l'économie sociale – du local au global – propose aux acteurs de concevoir leur développement, leur participation à une croissance d'un nouveau type en observant quelques repères :

– Les discussions et accords doivent avoir lieu dans un cadre démocratique (une personne = une voix). La conceptualisation des projets et actions s'effectue donc à la base.

– L'évaluation des dits projets, et richesses attendues, dépend d'un ensemble de critères sociaux, civiques, environnementaux, économiques et financiers.

– La répartition des excédents, des richesses en général, doit être juste pour tous les acteurs.

– La propriété commune assure une solidarité trans-acteurs et trans-générationnelle et réduit donc les risques de prise en otage des projets ou leur délocalisation.

– La convocation renouvelée du projet conduit à sa réappropriation et favorise l'innovation.

L'économie sociale doit inciter tous ses membres à programmer autant qu'à structurer leurs activités (en les mettant en compétition ou en réseau selon les cas) et à peser sur les environnements réglementaires et légaux. Elle doit plus encore promouvoir l'idée que chacun doit être placé en situation de concevoir le développement et la croissance de son projet à partir de son territoire et d'en choisir les composantes et la nature. Peut-on espérer, ainsi, fonder un cadre productif suffisamment stable mais capable d'évolutions pour répondre aux véritables attentes de l'humanité. La régulation par les Etats et les institutions internationales demeurent donc absolument nécessaire mais elle doit se faire en concertation avec les acteurs.

L'économie sociale doit oser déployer et rénover ses idées et ses projets à l'instar de ses fondateurs (de la République coopérative, de Rochdale...). Elle n'est sans doute pas orientée vers l'instauration d'une slow economy[26], mais plutôt d'une societal economy synthétisant les notions de développement humain, d'éco-développement ou de développement intégratif (et durable).

L'économie sociale doit défendre l'idée que les activités humaines prenant une forme coopérative, communautaire, associative ou assimilée sont d'abord de nature civile et sociale et donc hors marché, même si leur développement est situé dans un champ concurrentiel. Cette optique intégrative est fondamentale et en opposition avec tout système jouant sur les phénomènes de désocialisation pour nourrir ses avancées et changements.

Cette obsession sociétale contribuera à façonner une mondialisation plus humaine, dégagée des dogmes, généralement libéraux où la priorité est donnée à la réussite économique, financière, voire monétaire. Elle doit insuffler cet élan positif aux organisations internationales qui – si l'on peut dire ! – le méritent, comme la Banque mondiale ou le Fonds Monétaire International. D'autant qu'il y a dans l'espace ONU des institutions déjà convaincues et agissantes comme le Bureau International du Travail (BIT) et le PNUD.

Une vision sociétale du monde

L'économie sociale a donc quelques raisons d'étendre sa réflexion au globe, étant d'ores et déjà présente dans l'ensemble des activités humaines sur tous les continents. Elle doit s'impliquer à participer dans l'orientation et la structuration de la mondialisation, des échanges sociaux et civils, écologiques et économiques ainsi que culturels et communicationnels. Elle ne doit pas seulement se laisser entraîner par les mouvements en cours mais imprimer sa marque et plus encore forger des outils et des solutions pour lancer de nouveaux projets, participer à l'imagination et la mise en œuvre d'une vague de

26. En référence au mouvement *slow food* de Carlo Petrimi en réaction aux fast food !

nouveaux modèles de développement sur le globe, reflets de ses principes, des préoccupations de durabilité, d'intégration.

Elle a des alliés connus et d'autres potentiels. Le remodelage de la globalisation ne peut être obtenu de son seul fait. D'autres mouvements sociaux, syndicaux, alter-mondialistes sont souvent déjà ses partenaires. Il est clair que ces proximités avec eux doivent être internationalisés et systématisés. Elle ne peut plus se contenter d'être la petite cousine bien sage et sympathique à laquelle on pense de temps en temps, et – encore trop souvent – avec condescendance. Elle doit, en se projetant avec eux dans l'avenir, devenir un facteur essentiel d'innovation et d'entraînement.

Elle seule, grâce à son émanation citoyenne, peut défier la conception déterministe de la mondialisation qui passerait obligatoirement par les voies des capitalismes libéraux. Elle doit relever le défi qui tend à faire croire que toutes alternatives sont des utopies ou des idéologies néo-autoritaires. Face aux grands et respectables sommets du monde capitaliste, l'économie sociale et les autres mouvements à caractère social, syndical, écologiste doivent articuler leurs réflexions et actions internationales, faire résonner leurs idées et démultiplier leurs réalisations.

Les terrains d'action et d'innovation sont plus que nombreux : sociaux, sanitaires, alimentaires, écologiques, touchant à la création d'activités et d'emplois. La mise en commun de moyens de communication, de ressources cognitives n'est pas le moindre des enjeux pour atteindre un nouveau stade d'effectivité et de crédibilité pour l'économie sociale. La mobilisation internationale des cerveaux, notamment des universitaires, des chercheurs, des créateurs, doit être l'occasion de fonder des pôles de réflexion et d'action pour préparer le futur. La mobilisation simultanée des dirigeants d'entreprises d'économie sociale et d'autres organisations convergentes devra assurer les traductions opérationnelles de la démarche. Une illustration : l'exemple édifiant des suites pas toujours concrètes données aux sommets de Rio ou Kyoto montre que, malgré leur influence, les ONG[27] ont besoin d'alliés capables de donner vie concrètement aux enjeux posés. Les grands opérateurs de l'économie sociale doivent répondre présent.

27. Organisations Non Gouvernementales.

Des batailles restent aussi à mener sur la diffusion des médicaments nécessaires à la lutte contre les maladies les plus graves, les grands groupes pharmaceutiques (malgré des avancées avec ONU-sida) ayant la fâcheuse manie de ne voir dans leur production que des marchandises à rentabiliser...

Tout cela doit se traduire en prises de positions (et en actes !) vis à vis des organisations internationales à l'instar de ce que font déjà l'Alliance Coopérative Internationale et les Rencontres du Mont-Blanc.

L'économie sociale ne va pas traiter des grands accords internationaux de toute nature. Elle ne réglera pas le fardeau de la dette des Etats. Elle ne résoudera pas les crises répétées des réserves internationales. Elle ne conduira pas les mouvements monétaires... Il serait ridicule de penser qu'elle va être un miraculeux opérateur mondial.

Cependant, elle doit sortir de son rôle d'élève sage et suiviste de la classe mondiale ou quelques sièges lui seraient réservés pour simplement tenir compte de son histoire et de sa persistance, voire de son aimable et efficace rôle d'élève associé au système dit dominant. Une fonction que bien des Etats tentent de lui attribuer, soulagés à l'idée qu'elle se tiendra satisfaite et tranquille...

L'économie sociale a des solutions internationales durables à proposer aux organisations internationales :

– coopérativisation (ou mutualisation) plutôt que privatisation,

– création d'entreprises à propriété commune plutôt que dérégulation,

– orientation sociale et éthique des flux financiers et des investissements,

– redéploiement des secteurs d'intérêt général et d'utilité sociale via les voies associatives plutôt que marchandisation,

– mise au point de relations commerciales équitables plutôt que libéralisation,

– maîtrise non lucrative des ressources énergétiques plutôt que gaspillage,

– démocratisation des systèmes de communication plutôt que récupération capitalistique,

– renaissance des territoires plutôt que banalisation décapante,

– ...

Une vision pluridimensionnelle et flexible

Non figée et non dogmatique, l'économie sociale est pluridimentionnelle. Elle intègre les facteurs clefs d'un développement humain de telle façon que les acteurs insistent sur ceux qui leur paraissent prioritaires par rapport aux enjeux auxquels ils ont à faire face.

Cette plasticité est essentielle dans un siècle où les peuples et les forces vives cherchent de plus en plus à mettre en œuvre des progrès cohérents avec leurs environnements.

L'économie sociale allie donc ambitions qualitatives et quantitatives et propose, en référence à ses principes, des démarches multiples et convergentes ; non pour fonder un ordre mondial mais plutôt pour permettre aux femmes et aux hommes de participer à un multi-développement mondial : le « citoyen du monde » étant partout acteur.

Il ne s'agit ni d'un simple rêve ni d'une utopie mais d'une réalité constatable en tous les points du globe, dans une multitudes d'espaces et de secteurs.

C'est en cela que l'économie sociale est une alternative forte, déjà en marche, dans un espace mondial ouvert à des systèmes différents. En cela, elle nous oblige à voir que rien n'est joué ni déterminé. C'est une voie « civile » déjà ouverte.

Postface

Je viens, comme vous, de lire cet essai. Enthousiasme, interrogations, refus, bref tout ce qui fait le reflet de la richesse de la réflexion se mélangent. Y compris l'engagement de Thierry Jeantet. Autant il est vrai que quand on y croit, il n'est pas facile de paraître objectif !

Mais dès lors que l'on s'interroge sur le système établi, ne sent-on pas plus ou moins le souffre ? Plus ou moins fortement !

Semaine après semaine, pendant plus de 25 ans, j'ai observé non seulement les entreprises, mais aussi les systèmes dans lesquels elles évoluaient. Au début des années 80, le monde est encore bipolaire : libéralisme contre collectivisme. Deux idéologies fortes : l'une valorise l'individu, l'autre se méfie de lui et lui substitue le *bien commun*. A l'époque, encore, l'économie est cantonale. Les marchés extérieurs sont bien lointains. Même si la mondialisation balbutie, elle est loin d'avoir bouleversé la donne, comme aujourd'hui.

Mais il n'était pas trop tôt pour s'interroger sur les limites du (des) système.

Dans celui qui était le nôtre, on ne parlait pas encore de capitalisme d'État, mais on s'interrogeait sérieusement sur le pouvoir dans l'entreprise et sur la répartition des fruits de la croissance. De Gaulle avait voulu en jeter les bases. Elles avaient fait long feu, emportées avec la décentralisation et le départ du Général.

Déjà, pourtant, on commence à douter de la perfection du capitalisme. Le meilleur des systèmes, tant qu'on n'a rien trouvé de mieux... sans pour autant que l'on ne s'interroge sur ce que l'on appelle aujourd'hui l'Économie sociale. Et pourtant elle existe depuis longtemps avec : le système des mutuelles (assurances ou banques), des coopératives de production, des associations, etc. Sauf que l'on n'en parle pas.

C'est bien normal, les services ne sont pas des entreprises, pas plus que les Tpe ou les Pme. Longtemps, en France en particulier, ne seront dignes d'intérêt que celles dont le toit est en dents de scies et est surmonté d'une cheminée !

Entreprise égale production égale salariés par centaines égale investissement par milliards... bref on ne sait pas encore que ce sont les Pmi/Pme qui seront réactives et créatrices d'emplois, que ce sont elles qui peuvent mettre en place toutes ces expériences capitalistiques et sociales qui donneront Fnac, Essilor et d'autres.

Et l'on continue à regarder avec des verres inadaptés et embués. S'il y a crise de l'emploi aujourd'hui, c'est bien parce qu'offre et demande sont inadaptées. Dès lors se pose la question de la formation (initiale et continue). De même on est malhonnête quand on évoque les revenus ici ou là au dessous du seuil de pauvreté... à moins de ne jamais être sorti de son village : chacun sait qu'à salaire égal, le pouvoir d'achat varie presque du simple au double entre Paris et la Vendée... à plus forte raison entre Paris et la Birmanie !

Soyons prudents. Ne mélangeons pas la nostalgie du plein emploi (situation conjoncturelle, à condition que l'on sache l'aborder, et ce sera long), État Providence (ce qui pose la question des limites des finances publiques, c'est-à-dire collectives, de la responsabilité individuelle et de l'investissement) et celle de la planification qui au mieux ne peut être qu'incitative pour créer un environnement favorable.

La question que nous devons maintenant nous poser est bien celle de la responsabilité « individuelle » (pas individualiste). Il est évident qu'il n'est plus possible d'envisager d'imposer une idéologie ni même une façon de voir. Notre responsabilité, notre devoir est de savoir comment nous saurons convaincre. Pour cela il nous faudra comprendre quel est le moteur de l'individu. Tous comprendre. Tous, le vouloir. Chacun avec nos mots et nos arguments.

Ceci passe par la formation, dès nos plus jeune âge, et donc par l'exercice de notre responsabilité de parents. Pas facile dans un environnement dans lequel, tout de même, on vit tous, tout de même mieux, en meilleure santé, plus longtemps dans les économies capitalistes (pas nécessairement libérales) que dans celles (de plus en plus rares) qui prônent toujours le collectivisme imposé.

Comment ceux qui croient en l'Economie Sociale pourront-ils agir ? En créant l'environnement favorable à l'éclosion des idées qu'elle porte.

Et en le faisant savoir.

Trop souvent l'impression donnée est celle d'un système qui ne s'affiche pas comme tel, qui se cache encore ! Je ne vois pas, – pas suffisamment en tous les cas – dans la communication des banques coopératives, des mutuelles d'assurances, des entreprises fonctionnant en Scop, la valorisation d'un système différent de celui qui domine.

Peut-être que l'économie sociale pourrait être plus fière d'elle-même qu'elle ne l'est, et ne pas se banaliser en disant seulement qu'elle est... moins chère. Après tout qu'elle se saisisse de la mondialisation pour afficher sa différence ...dans l'action ! Alors oui, elle apparaîtra, comme le souhaite l'auteur, être une alternative crédible !

Didier Adès
Journaliste, co-Producteur de l'émission
« Rue des Entrepreneurs » – France Inter

Références et bibliographies

Site Internet :

Ils représentent l'économie sociale dans le monde

Coopératives, banques et mutuelles d'assurance : Alliance Coopérative Internationale. **www.ica.coop/fr**

Mutuelles de santé et de prévoyance : Association Internationale des Mutuelles de Prévoyance et de Santé (AIM). **www.aim-mutual.org**

Rencontres du Mont-Blanc : **www.rencontresdumont-blanc.coop**

Bibliographie indicative

Par l'auteur du présent ouvrage

Economie Sociale, la solidarité au défi de l'efficacité. Préface de Michel Rocard. La Documentation Française, 2006.

L'économie sociale européenne ou la tentation de la démocratie en toutes choses, CIEM, 1999.

L'économie sociale en action, rapport au Comité consultatif de l'économie sociale, CIEM, 1995.

Démocratie moderne, démocratie directe, Entente 1991.

L'individu collectif, Editions Entente, 1983.

La révolution conviviale (avec Michel Ponta et Jean-René Siegfried), Éditions Entente, 1979.

Ouvrages cités

Max Weber : *Economie et société* (Pocket 1995) et *Histoire de l'économie générale* (Gallimard, 1991)

Karl Marx : *Le Capital* (Bibliothèque de la Pleiade,1982)

Per Ahlström : *The people capital* (Euresa Institute, 1991)

José Allouche et Brunon Amman : *Le retour triomphant du capitalisme familial*, sur le site asso.nordnet.fr/adreg/allouche-amman

Mona Cholet : *La tyrannie de la réalité* (Calmann-Lévy, 2004)

Joseph Stiglitz : *La grande désillusion* (Fayard, 2002)

Abdou Sallam Fall et Louis Favreau : *Altermondialisation, économie et coopération* (Presse Universitaire du Québec, 2004)

Jean-François Draperi : *Rendre un autre monde possible* (Presse de l'économie sociale, 2005)

Jacques Defonray, Patrick Deleverte et Bénédicte Fonteneau : *L'économie sociale au nord et au sud* (Ed. de Boeck, Belgique, 1999)

Jérémy Rifkin : *La fin du travail* (La découverte, 1996) et *L'âge de l'accès* (La découverte, 2000)

Le Nouvel Observateur, hors série *Comprendre le capitalisme* (mai-juin 2007) et, notamment, J.K. Galbraith : *Les nouveaux mensonges du capitalisme.*

André Gorz : *L'immatériel* (Galillée, 2003)

Michel Husson : *Notes sur le capitalisme cognitif* (Ed. contretemps N° 18, 2007).Voir aussi, *Misère du capital* (Syros, 1996).

Yann Moulier Boutang : *Le capitalisme cognitif* (Ed. Amsterdam, 2007).

Serge Latouche : La déraison de la raison économique (Albin Michel, 2001) et *Le pari de la décroissance* (Fayard, 2007)

Ignacy Sachs : *Stratégies de l'éco-développement* (Editions ouvrières, 1980), *L'éco-développement* (Syros, 1993), *Stratégies de transition vers le 21e siècle* (Syros, 1996), *La troisième rive* (Bourrin, 2008).

Sur l'économie sociale

L'économie sociale de A à Z, hors série N° 22 du mensuel Alternatives économiques, 2006

L'irrésistible montée de l'économie sociale, Virginie Robert, Autrement, 2007.

L'économie sociale, une alternative planétaire – mondialiser au profit de tous. Ouvrage collectif dirigé par Thierry Jeantet et Jean-Philippe Poulnot. Fondation Charles Léopold Mayer, 2007.

Sur les mutuelles

Gérard Andreck : *La démocratie, principe de gouvernance des mutuelles.* (rapport au Gema, octobre 2004).
LaMutualité.Dossier-RECMA.1998

Sur les coopératives

Jean-François Draperi : *L'ACI a 100 ans, regards sur une histoire mémorable.* RECMA N° 258 et 259.
Le mouvement coopératif en France, rapport du Conseil Supérieur de la Coopération, DIIES, 2002.

Voir aussi

Thomas Philippon : *Le capitalisme d'héritiers* (Seuil, 2007).
Liem Hoang-Ngoc : Politiques économiques (Montchrestien, 2000).

Table des matières

Composé par MCP - N° 452788T - Dépôt légal : mars 2008
Imprimé en France. - JOUVE, 11, bd de Sébastopol, 75001 PARIS